管理学
知识点精解
与习题案例集

主编

徐世勇　朱金强

中国人民大学出版社
·北京·

作者简介 >>>

徐世勇，中国人民大学劳动人事学院教授、博士生导师，人力资源开发与评价中心主任，中国企业改革与发展研究会人力资源管理专业委员会副会长。主讲人员素质测评、组织行为学、人力资源管理、管理技能开发、管理理论应用与构建等课程，研究方向为领导力与员工绩效行为、国际人力资源管理、职业心理健康等。在《心理学报》《南开管理评论》《管理世界》以及 *Journal of Business and Psychology, Chinese Science Bulletin* 等期刊发表学术论文 30 多篇，出版学术著作和教材 10 部，主持国家自然科学基金面上项目 1 项，为中共北京市委组织部、中国人民银行、中粮集团、京东、小米等 30 多家机构做过培训或项目咨询。

朱金强，管理学博士，中央民族大学管理学院副教授。美国管理学会会员，中国管理研究国际学会会员。主讲量化数据分析、计量经济学、管理学、组织设计、劳动经济学等课程，研究方向为悖论、领导力、道德行为、创新行为等。

内容简介 >>>

管理学是研究管理规律、探讨管理方法、建构管理模式以取得最大管理效益的学科，涉及的理论知识很多，需要记背的东西更多。本书是专门为管理学课程编写的知识点精解与习题案例集，既可以与马克思主义理论研究和建设工程管理学教材及其他版本的管理学教材配套使用，也可以在教学中单独使用。

本书分为 15 章，每章由两部分组成：第一部分为知识点，集中呈现管理学各大模块关键内容及其精解；第二部分为习题与案例，侧重阐述如何运用管理学原理分析和解决实践层面的管理问题。

本书非常适合用作高校经济管理类专业的本科生教辅材料，也适合从事管理工作的在职人员学习参考，还可作为经济专业技术资格考试、全国硕士研究生招生考试、工商管理硕士（MBA）研究生入学考试相关科目的配套参考书。

前　言

近年来，随着数字化、人工智能等高科技的迅速发展，学术界乃至全社会逐渐形成了重视科学发现、技术创新的可喜风气，我们对此甚感欣慰。中国传统哲学中的阴阳观告诉我们，阴阳平衡才是事物良性发展的根本动力。文理是一对典型的阴阳要素，如果只重理，企业乃至整个社会就会变成冷冰冰的、没有感情的巨兽；如果只重文，则不能在未来的国际竞争中保持领先。文理平衡才能促进企业与社会健康、持续发展。

管理学作为一门社会科学，是传统的文科。我们认为，文是个体、企业、社会的灵魂，没有了灵魂，很难想象个体、企业、社会会变成什么样子。如何加强对"文科"的培养？最基础、最关键的一步就是要掌握文科各专业的知识。这些知识是先哲们的智慧结晶，能够极大地开阔我们的眼界、陶冶我们的情操、提升我们的思想境界。"学"可以帮助我们初步掌握知识，而"习"则可以帮助我们透彻地掌握知识。这本书的编写目的就是希望通过"习"帮助大家透彻地掌握管理学的相关知识。具体来讲，本书希望达到以下目的：

1. 帮助学生（包括专科生、本科生、MBA、EMBA、MPA、进修学员等）系统掌握管理学的相关知识。我们系统归纳了相关方面的知识点并进行了简明且深入的解读，帮助学生快速、准确地掌握管理学的相关知识点。

2. 帮助学生备战考研。我们根据考研的题型，设置了填空题、判断题、选择题、名词解释、论述题以及案例，帮助学生熟悉考研题型，掌握考研知识点。

3. 为企业人员提供解决现实问题的思路。我们针对企业中可能遇到的现实管理问题编写了案例，并提供了分析思路。通过案例的介绍帮助企业人员在现实中遇到类似问题时能够快速有效地找到解决办法。

本书在编写过程中，查阅并综合了国内外多本经典的管理学教材的内容，包括斯蒂芬·罗宾斯的《管理学》、周三多等的《管理学：原理与方法》、王凤彬等的《管理学》、麦影等的《管理学》、王瑞华的《中国工商管理案例精选：第四辑》、全国工商管理硕士教育指导委员会的《2004年MBA联考考试大纲及报考指南》等。本书内容包括管理与管理学、管理思想史、管理道德与社会责任、管理情境、决策、计划、组织设计、人力资源管理、组织文化与组织变革、团队管理、领导理论、激励、沟通、控制、创新，共15章。每章都包括知识点和习题与案例两部分。知识点部分系统总结每章的关键知识点并对其进行精确解读。习题与案例部分设置了多种题型，帮助读者巩固知识。

由于编者时间和水平有限，书中难免有疏漏和不足之处，敬请专家和读者不吝赐教。

目　　录

第 1 章　管理与管理学

第一部分　知识点

一、关键知识点

1. 人类活动的三个特点
2. 管理的必要性
3. 管理的定义和特点
4. 管理的职能
5. 管理的自然属性和社会属性
6. 管理的四个基本原理
7. 管理的方法
8. 管理者的定义
9. 管理者的分类
10. 管理者的角色
11. 管理者需要的技能
12. 管理学的定义
13. 管理学的研究对象
14. 管理学的研究方法
15. 学习管理学的意义
16. 管理者面临的新时代环境的变化

二、知识点精解

1. 管理的定义和特点

管理是为了实现组织的共同目标，在特定的时空中，对组织成员在目标活动中的行为进行协调的过程，以便有效率、有效果地通过他人或与他人一起实现组织目标。

管理有两个特点：一是协调，这是管理的本质，也是管理活动区别于非管理活动的标志。二是过程，管理包括一系列的活动序列，是一个不断循环往复的过程。

2. 管理的职能

计划：定义目标，制定战略以实现目标，制订计划并协调各项活动。

组织：决定应该完成哪些任务，应该由谁来完成这些任务，这些任务怎么分类和归集，谁向谁报告，以及由哪一级做出决策。

领导：指导和激励下属，管理下属。

控制：监督下属以完成计划。

管理的职能始于计划，计划是管理的首要职能，是其他职能的基础。计划制订完后，需要组织人员来完成计划，在这个过程中需要不断激励下属。

3. 管理者的定义

管理者指协调他人开展活动，通过他人或与他人一起实现组织目标的人。

管理者的工作不是取得个人成就，而是帮助他人完成工作任务。管理者的工作可能是指协调一个部门的工作；可能是指监督某个员工；也可能是指协调一个团队的活动。

4. 管理者的分类及其定义

管理者的分类及其定义见表 1-1。

表1-1　管理者的分类及其定义

管理者的分类	定义	典型头衔
高层管理者	负责为整个组织做出决策，制订计划和目标	总裁、执行副总裁、执行董事、首席运营官、首席执行官
中层管理者	所有处于基层和高层之间的管理者	地区经理、项目主管、工厂厂长、事业部主任
基层管理者	最底层的管理人员，他们管理普通员工（非管理者）	主管、区域经理、部门经理、办公室主任

有些时候不同管理者的界限并不总是十分清晰。区分管理者的基本原则是：如果管理的是普通员工（即非管理者），那么这些管理者属于基层管理者。如果需要对整个组织负责，那么这些管理者属于高层管理者。不具有这两个特点的管理者属于中层管理者。

5. 效率和效果

效率：指以尽可能少的投入获得尽可能多的产出。关注做事的过程、方式。追求的是浪费低、资源高效利用。正确地做事。

效果：指所从事的工作有助于实现组织目标。关注结果。追求的是高成就和目标的实现。做正确的事。

管理者需要同时追求效率和效果。效率＋效果＝绩效。有效率无效果（如南辕北辙），有效果无效率（如愚公移山），都不可取。

6. 管理者的角色

明茨伯格提出管理者扮演着十种角色，见表 1-2。

表1-2　管理者的十种角色

类别	角色	描述	特征活动
人际关系角色：涉及人与人（下属以及组织外的人）之间的关系以及其他礼仪性的和象征性的职责	挂名首脑	履行许多法律性和社会性的例行义务	迎接来访者，签署法律文件
	领导者	激励下属，配置人员，培训员工	从事有下属参与的活动
	联络者	维护与外部的关系和获取信息	从事外部委员会的工作

续表

类别	角色	描述	特征活动
信息传播角色：涉及收集、接收和传播信息	监听者	获取各种内外部信息	阅读报刊，与有关人员私下保持接触
	传播者	将信息传播给组织中的人员	举行信息交流会
	发言人	向外界发布组织的计划、政策等	向媒体发布信息
决策制定角色：需要做出决策或选择	企业家	寻求机会，制订改进方案	制定组织战略，开发新项目
	混乱局面的驾驭者	对重大、意外的混乱，采取纠正措施	制定应对混乱的战略
	资源分配者	负责分配组织的各种资源	调度、授权、开展预算活动
	协商者	在协商过程中作为组织的代表	参加工会的合同协商

7. 管理者需要的技能

技术技能：指掌握熟练完成特定工作所需的特定领域的知识和技术的能力。技术技能对基层管理者最为重要。

人际技能：指与他人打交道并与他人沟通的能力，也就是管理者的社会资本。可以依据认识多少人来衡量管理者的人际技能。人际技能对中层管理者最为重要。

概念技能：对复杂情况进行抽象和概念化的能力。拥有概念技能的管理者能够将组织看作一个整体，理解各部分的关系，想象组织如何适应外部环境。概念技能对高层管理者最为重要。

第二部分　习题与案例

一、填空题

1. 人类活动的三个特点包括_____、_____、_____。
2. 管理的四种职能包括_____、_____、_____、_____。
3. 管理的_____职能是指指导和激励下属，管理下属。统一下属的认识和行动，激励每个下属自觉地为实现组织目标共同努力。
4. 越是基层的管理者，控制的_____要求越强，控制的_____越高；越是高层的管理者，控制的_____要求越弱，控制的_____越强。
5. 管理具有_____属性和_____属性。
6. 明茨伯格提出管理者扮演着十种角色，这十种角色可被归入三大类：_____、_____、_____。
7. 管理者向董事和股东说明组织的财务状况和战略方向，向消费者保证组织在切实履行社会义务，这属于管理者的_____角色。

8. _____技能是指对复杂情况进行抽象和概念化的能力。

9. 新时代管理面临的四大趋势包括_____、_____、_____、_____。

10. 管理学的三种研究方法包括_____、_____、_____。

11. 管理方法一般可分为_____、_____、_____、_____、_____。

填空题参考答案

1. 目的性　依存性　知识性

2. 计划　组织　领导　控制

3. 领导

4. 时效性　定量化程度　时效性　综合性

5. 自然　社会

6. 人际关系角色　信息传播角色　决策制定角色

7. 发言人

8. 概念

9. 网络信息化　经济全球化　知识资源化　管理人本化

10. 归纳法　实验法　演绎法

11. 管理的法律方法　管理的行政方法　管理的经济方法　管理的教育方法　管理的技术方法

二、判断题

1. 管理的组织职能是根据工作的要求与人员的特点，设计岗位，通过授权和分工，将适当的人员安排在适当的岗位上，用制度规定各个成员的职责及与上下左右的关系，形成一个有机的组织结构，使整个组织协调运转。（　　）

2. 控制的实质是使实践活动与计划一致，计划就是控制的标准。（　　）

3. 管理者有时必须出现在社区的集会上、参加社会活动或宴请重要客户，这属于管理者的发言人角色。（　　）

4. 技术技能对基层管理者最重要。（　　）

5. 管理学以管理工作中普遍适用的原理和方法作为研究对象。（　　）

6. 演绎法就是通过对客观存在的一系列典型事物（或经验）进行观察，从分析典型事物的典型特点、典型关系、典型规律入手，进而分析事物之间的因果关系，从中找出事物变化发展的一般规律。（　　）

7. 管理原理不是一成不变的教条，它随着社会经济和科学技术的发展而不断发展。（　　）

8. 任何管理都是对系统的管理，没有系统，也就没有管理。（　　）

9. 集合性是系统最基本的特征。（　　）

10. 服务于人是管理的根本目的。（　　）

11. 行政方法的实质是通过行政组织中的职务和职位来进行管理。它特别强调职责、职权、职位，而并非个人的能力或特权。（　　）

12. 管理学的研究对象只包括对群体活动的管理，不包括对个体活动的管理。（　　）

13. 管理活动是一个由决策、组织、领导、控制以及创新所构成的循环往复、螺旋上升的过程。（　　）

14. 理论联系实际是在马克思主义指导下学习和研究管理学的基本方法。（　　）

15. 管理的本质是协调。（　　）

判断题参考答案

1. √　2. √　3. √　4. √　5. √
6. ×　7. √　8. √　9. √　10. √
11. √　12. ×　13. √　14. √　15. √

三、选择题

1. 管理者的人际关系角色包括（　　）。
    A. 发言人角色　　B. 领导者角色　　C. 传播者　　D. 联络者角色

2. 管理者平息客户的怨气，同供应商进行谈判，或者调解员工之间的争端等，这属于管理者的（　　）角色。
    A. 企业家角色　　　　　　　　B. 混乱局面的驾驭者角色
    C. 传播者角色　　　　　　　　D. 资源分配者角色

3. 管理者需要的技能有（　　）。
    A. 概念技能　　B. 沟通技能　　C. 人际技能　　D. 技术技能

4. 对于高层管理者，（　　）最重要。
    A. 概念技能　　B. 技术技能　　C. 沟通技能　　D. 人际技能

5. 管理的基本原理包括（　　）。
    A. 系统原理　　B. 人本原理　　C. 责任原理　　D. 适度原理
    E. 公平原理

6. 管理原理的主要特征包括（　　）。
    A. 客观性　　B. 系统性　　C. 稳定性　　D. 普适性

7. 人本原理的基本内容包括（　　）。
    A. 尊重人　　B. 为了人　　C. 发展人　　D. 依靠人

8. 在管理跨度的选择上，既不能过大，也不能过小；在权力的分配上，既不能完全集中，也不能绝对分散，必须在两个极端之间找到最恰当的点。这属于管理的（　　）。
    A. 系统原理　　B. 人本原理　　C. 责任原理　　D. 适度原理
    E. 公平原理

9. 管理的经济方法具有的特点包括（　　）。
    A. 利益性　　B. 平等性　　C. 灵活性　　D. 关联性

10. 科学的管理思维是（　　）的统一。
    A. 战略思维　　B. 创新思维　　C. 辩证思维　　D. 历史思维
    E. 底线思维

11. 企业的经济活动主要包括哪些环节？（　　）
    A. 资源筹措　　　　　　　　B. 产品销售或成果处理

　　C. 人力资源管理　　　　　　　　　　D. 资源转换

选择题参考答案

1. BD　　2. B　3. ACD　4. A

5. ABCD　6. ABCD　7. ABCD　8. D

9. ABCD　10. ABCDE　11. ABD

四、名词解释

1. 管理　　　　　　　2. 人际技能

3. 管理原理　　　　　4. 系统

5. 管理的行政方法　　6. 管理学

7. 组织　　　　　　　8. 效率

9. 效果

名词解释参考答案

1. 管理是为了实现组织的共同目标，在特定的时空中，对组织成员在目标活动中的行为进行协调的过程，以便有效率、有效果地通过他人或与他人一起实现组织目标。

2. 人际技能是指与他人打交道并与他人沟通的能力。人际技能包括对下属的领导能力和处理与组织内外各有关部门、有关人员之间关系的能力。

3. 管理原理是对管理工作的实质内容进行科学分析和总结而形成的基本原理，是对管理现象的抽象，是对各项管理制度和管理方法的高度综合与概括，因而对一切管理活动具有普遍的指导意义。

4. 系统是指由若干相互联系、相互作用的部分组成，在一定环境中具有特定功能的有机整体。就其本质来说，系统是"过程的复合体"。

5. 管理的行政方法是指依靠行政组织的权威，通过命令、规定、指示、条例等行政手段，按照行政系统和层次，以权威和服从为前提，直接指挥下属工作的管理方法。

6. 管理学是研究人类管理活动一般规律的科学。

7. 组织是指一群人为了实现某个共同目标而结合起来协同行动的集合体。

8. 效率是指以尽可能少的投入获得尽可能多的产出。通常指正确地做事，即不浪费资源。

9. 效果是指所从事的工作有助于组织实现组织目标。通常是指做正确的事。

五、论述题

1. 论述在中国进行管理活动的必要性。

2. 论述组织的基本特征有哪些。

3. 论述管理的基本特征有哪些。

4. 论述管理的科学性与艺术性。

5. 论述管理者的分类。

论述题参考答案

1. 第一，作为发展中国家，资源短缺将是一种长期的经济现象，特别是资金、能源、原材料往往成为企业和社会经济发展的约束条件。如何将有限的资源进行合理的配置和利用，使其最大限度地形成有效的社会生产力，是管理和技术创新过程中应当解决的问题。

第二，高度专业化的社会分工是现代国家和现代企业发展的基础。如何把不同行业、不同专业、不同分工的人员合理地组织起来，协调他们相互间的关系，协调他们与政府的关系，协调他们与各种资源的关系，从而调动各种积极因素，都要靠有效的管理。

第三，作为发展中国家，科学技术落后是阻碍生产力发展的重要因素之一。但是，无论是本国发明的科学技术还是引进的科学技术，并不一定都能自动形成很高的生产力水平。关键在于管理。实践一再证明，只有通过有效的管理，才能使科学技术真正转化为生产力。

第四，社会、企业或任何社会组织实现预期的目标，都需要靠全体成员长期的共同努力。如何把每个成员千差万别的个体目标引向组织的目标，使无数分力形成方向一致的合力，也要靠管理。

第五，借助迅猛发展的互联网数字技术和人工智能，管理正在改变着人类的经济活动、社会活动及日常生活方式。工作质量、服务质量和生活质量的提高都依赖于管理水平的提高。

2.第一，组织是由两个或两个以上的成员构成的。这些成员为了某个共同的目的组织到一起。这群人形成一个集体后，组织便获得了某种社会生命。组织的社会生命独立于其成员的生命，且通常将超越其成员的自然生命。

第二，组织具有明确的目标。具有明确的目标是组织的基本特征。不同成员之所以愿意组织到一起并相互协调行动，是因为他们希望通过协调行动来实现某个共同的目标。这个共同的目标便是组织目标。

第三，组织从事一定的活动。为了实现组织成员的共同目标，组织必须从事一定的活动。

第四，任何组织在一定程度上都是独立存在的，因此与外部社会有着相对明确的界限。

3.第一，管理的目的是有效地实现组织目标。管理本身不是目的，管理是为组织目标的有效实现服务的。

第二，管理的主体是具有专门知识、利用专门技术和方法来进行专门管理活动的管理者。只有具备一定素质和技能的人，才有可能从事管理工作。

第三，管理的客体是组织活动及其参与要素。

第四，管理是一个包括多阶段、多项工作的综合过程。

4.管理是科学还是艺术？需要区分这里的管理指的是管理理论（或管理学）还是管理工具（手段与方法），抑或是管理实践？如果明确了管理的具体所指，那么答案是不言自明的。管理理论和管理工具具有科学性，而管理实践则具有艺术性。在管理实践中，管理者需要根据活动环境、活动条件以及活动对象等因素的特征及其变化艺术地运用科学的管理理论和管理工具（手段与方法）。实际上，管理活动的有效性在很大程度上正是取决于管理者能否艺术地运用以及在何种程度上艺术地运用那些科学的管理理论和管理工具（手段与方法）。

5. 管理者分为基层管理者、中层管理者和高层管理者。

基层管理者是最底层的管理人员，管理着非管理者，即生产产品或者向顾客提供服务的员工。他们的典型头衔通常是主管、区域经理、部门经理、办公室主任。

高层管理者是处于组织顶层的管理人员，负责为整个组织做出决策、制定计划和目标，从而影响整个组织。他们的典型头衔通常是总裁、执行副总裁、执行董事、首席运营官、首席执行官。

中层管理者包括所有处于基层和高层之间的管理者，这些管理者管理着基层管理者，他们的典型头衔通常是地区经理、项目主管、工厂厂长、事业部主任。

六、案例

与人工智能一同工作

对于大多数人而言，人工智能会让他们想到取代人类工作的机器人。然而，著名的管理咨询公司埃森哲在研究了 1 500 家企业后发现，只有人类与人工智能相互协作的时候，企业的绩效才是最高的。

人类如何与人工智能一同工作？在一些服装零售企业中，采购者和计划者使用人工智能来协助他们工作。他们依靠数据来测算什么样的款式将被购买，哪种类型的顾客会购买，以及顾客在未来的季节可能需要什么。采购者和计划者随后根据这些数据做出最终决定。

内森·凯茨是 Bombfell 公司的采购者。Bombfell 公司是一家面向男性的在线造型服务公司，向客户发送可以保留或退回的衣物盒。在购买一种织物之前，凯茨坚持要触摸织物，并测试它的特性，如织物的厚度和合身性。但是这些任务目前不能很好地借助人工智能来完成。

除此之外，也有可能看到人类和机器人一起工作来提高员工的身体能力。在韩国现代（Hyundai）汽车集团，一些制造部门的员工配备机器人装置，这使他们获得了比正常人更多的体力和耐力。

很难准确预测人工智能将如何影响未来的工作，工作的某些方面可能无法有效地实现自动化。

资料来源：斯蒂芬·罗宾斯，玛丽·库尔特. 管理学：第 15 版. 北京：中国人民大学出版社，2022.

思考题

1. 到 2030 年，人工智能可能会怎样改变管理者的工作？

2. 你认为在未来，什么类型的工作最不可能被机器人或者是计算机取代？

3. 你觉得可以通过什么途径让自己更有价值，让公司需要而不是被机器取代？

案例思考题参考答案

1. 到 2030 年，人工智能对管理者工作带来的改变可能有：

（1）熟悉人工智能的使用。有统计数据显示，到 2030 年，人工智能将影响多达 350 万个工作岗位，国际货币基金组织的研究表明，技术水平最低的工人将受到最大的影响。管理者将来会接触更多的人工智能，所以要熟悉人工智能的功能和使用方式，以更好地适应未来。

（2）注重员工关系的培养。在将来的社交网络中，视频通信、虚拟现实等会在我们周围创造一个高密度的信息泡沫，有时甚至没有了人类交流的空间。员工之间的隔离将增大员工之间的距离，所以作为管理者，要注重员工关系的培养。

2. 在未来最不可能被机器人或计算机取代的工作类型是：

（1）需要输出价值观念的工作，如教学工作。教师并不是单纯的传播知识的机器，而是负责引导学生形成正确的价值观和学习习惯，所谓"传道授业解惑"。因此，尽管机器人拥有海量的数据库，"知识渊博"，但它们仍然无法完全取代教师的位置，未来在教育领域更可能以助教的角色存在。

（2）需要抽象化和需要情感投入的岗位，如建筑师和艺术家。虽然目前机器人已经可以完成绘制图纸的任务，但是成为一个建筑师，需要抽象、审美、艺术创造、空间想象等能力，建筑师最重要的工作是设计，这是人工智能无法取代的。绘画和音乐中所体现的情感只能由艺术家创作，情感是人类相对于人工智能最大的优势，这一点在短时间内不会改变。

3. 让自己更有价值，让公司需要而不是被机器取代的方法有：

（1）培养与人打交道的能力，能进行人工智能无法进行的感性交流，通过深度的人与人之间互动来工作。成为高端服务者，选择进入那些"人"才是关键的行业，如高端餐饮行业、律师行业、心理咨询行业等。

（2）培养与机器打交道的能力。成为高端技术人才，专攻技术，如大数据、人工智能等，以利用好人工智能。

（3）培养自己跨界学习、不断学习的能力。常言道术业有专攻，作为个人，我们很难与人工智能比专业覆盖面，但是可以通过不断学习其他领域的知识，让自己成为一个多面的学习者，提升自己的独特性、不可替代性。

（4）培养自己的思维逻辑和模糊情景判断的能力。在复杂的环境下，面对复杂的情况，能够处理复杂的事情并做出准确的判断。

（5）培养创新思维。在创新方面，机器是无法与人抗衡的。为了不被计算机替代，需要培养自己的创新思维，例如制订一个营销方案，制订者需要了解消费者，了解他们的心理，要前瞻性地发现未来和蓝海。这些都是机器无法做到的，也是我们的机会。

（6）建立创新能力循环系统。新知识、新思维要投入使用才有价值。如果外界的环境中没有合适的创新能力循环系统，就需要建立自己的创新能力循环系统。把学到的新东西，通过自己的视角进行重新解读，然后结合以往的经验，思考这个新东西如何为我所用。再通过实践，持续不断地输出，不停地循环。

第 2 章　　　　　　　管理思想史

第一部分　知识点

一、关键知识点

1. 中国传统管理思想
2. 分工的益处
3. 泰勒的科学管理理论
4. 泰勒的科学管理制度
5. 法约尔的 14 条管理原则
6. 官僚行政组织
7. 行为管理理论
8. 系统组织理论
9. 权变管理理论
10. 质量管理
11. 定量方法
12. 权力的类型
13. 协作系统的三个基本要素
14. 马斯洛需求层次理论
15. 决策过程
16. 企业的六种协调机制
17. 管理科学研究的假设前提
18. X 理论和 Y 理论
19 业务流程再造

二、知识点精解

1. 科学管理理论
代表人物：泰勒、吉尔布雷斯夫妇
主要观点：运用科学方法寻找最佳工作方法；提高生产力和工人效率；在车间管理中运用科学方法；对工人操作的每个动作进行科学研究，以代替传统的经验方法；科学地挑选工人，并对他们进行培训，使其获得成长（而过去，则是由工人自己挑选工作，并尽可能进行自我培训）；与工人密切合作，以保证一切工作都按已建立的科学原则去开展；管理者与工人分工，管理者把自己相对于工人更胜任的各种工作都承揽下来。
2. 一般管理理论
代表人物：法约尔

主要观点：管理活动包括五个方面的内容：计划、组织、指挥、协调以及控制。法约尔还提出了 14 条管理原则：分工、责权相符、纪律、统一领导（每一个员工应当只接受来自一位上司的指令）、统一指挥（组织应当具有单一的行动计划指导管理者和员工）、个人利益服从整体利益、公平报酬、集权、等级链、秩序（人员和物料应当在恰当的时间出现在恰当的位置上）、公平（管理者应当公平地对待下属）、人员稳定、首创精神（允许员工发起和实施计划会极大地调动他们的热情）、团队精神。

科学管理理论和一般管理理论的相同点：两者都是以"经济人"假设为基础，把人当作和机器、原材料等一样的生产要素。重点强调理性，使组织和工人（员工）尽可能地提高效率。不同点：涉及组织的范围不一样。科学管理理论考虑如何使生产车间更有效，而一般管理理论考虑如何使组织在整体上更有效。

3. 官僚行政组织

代表人物：韦伯

主要观点：官僚行政组织最有效。官僚行政组织的特点包括：劳动分工（工作分解为简单的、程序化的、清晰定义的任务），权力等级（非常明确的等级链），正式的甄选（依据技术资格聘任员工），详细的规章制度和标准化的运作流程，去个人化（规则和控制适用于所有人，不因人而异），职业导向（管理者是职业化的管理者而不是组织的所有者）。

4. 行为管理理论

代表人物：梅奥、欧文

主要观点：以"社会人"假设为基础研究工作中人的行为，认为人是组织中最重要的资产，与组织所使用的机器不一样，员工有情感、有与人交往的社会需求。

5. 系统组织理论

代表人物：巴纳德

主要观点：组织是由一组相互关联和相互依赖的组成部分共同构成的一个整体。因此，管理者要意识到在组织的某一个部分所采取的决策和行动会影响组织的其他部分。管理者必须协调各项活动以确保相互依存的各组成部分能成为一个有机的整体，认识并理解各种外部因素对组织的影响。

6. 权变管理理论

代表人物：费德勒

主要观点：不存在简单的和普遍适用的管理原则。组织不同，面对的情境不同，要用不同的管理方式。应根据组织的规模、任务的例行程度、环境的不确定性、员工的个体差异等选择不同的管理方式。

第二部分　习题与案例

一、填空题

1. 中国传统的管理思想分为＿＿＿＿＿＿＿和＿＿＿＿＿＿＿。

2. 传统的最主要的两种管理理论分别是_____和_____。

3. 英国经济学家_____在 1776 年出版了《国富论》，系统阐述了劳动价值论以及劳动分工理论。

4. 经济现象是基于_____产生的。

5. 巴贝奇提出的_____是指对技艺水平、劳动强度进行界定，将其作为支付报酬的依据。

6. _____是一种管理哲学，专注于持续改进以及对顾客的需求和期望做出应对。

7. 质量管理包括_____、_____、_____、_____、_____。

8. 定量方法能为_____和_____方面的管理决策制定提供依据。

9. 法约尔认为经营包括_____、_____、_____、_____、_____等方面的职能。

10. _____是从组织的最高权力机构直至最底层管理人员的领导系列，是组织内部进行命令传递和信息反馈的正常渠道。

11. 法约尔认为管理活动包括_____、_____、_____、_____、_____五个方面的内容。

12. 管理者思考管理问题的基本方式是_____和_____。

13. 协作系统的三个基本要素是_____、_____和_____。

14. 业务流程再造由_____、_____、_____、_____、_____五个关键阶段组成。

15. 马斯洛将需求分为五个层次，分别是_____、_____、_____、_____、_____。

16. 系统理论认为企业的六个构成要素分别是_____、_____、_____、_____、_____、_____。

填空题参考答案

1. 宏观管理的治国学　微观管理的治生学

2. 科学管理理论　一般管理理论

3. 斯密

4. 具有利己主义目的的人们的活动

5. 边际熟练原则

6. 全面质量管理

7. 密切关注顾客　关注持续改进　强调程序　精确测算　员工授权

8. 计划　控制

9. 管理　技术　财务　安全　会计

10. 等级制度

11. 计划　组织　指挥　协调　控制

12. 系统思维　权变思维

13. 协作的意愿　共同的目标　信息的沟通

14. 观念再造　流程再造　组织再造　试点和切换　实现愿景目标

15. 生理需求　安全需求　感情需求　尊重需求　自我实现需求
16. 人　物资　设备　任务　财　信息

二、判断题

1. 斯密认为劳动是国民财富的源泉，各国人民每年消费的生活必需品的源泉是本国人民每年的劳动。（　　）
2. 人们在经济行为中，追求的完全是社会利益。（　　）
3. 提出按照生产效率的不同来确定报酬的具有激励作用的制度，是斯密做出的重要贡献。（　　）
4. 一般管理理论更多地关注管理者做什么以及什么构成了良好的管理行为。（　　）
5. 一个系统是一套相互关联和相互依赖的组成部分，这些组成部分以某种方式组合起来进而构成一个统一的整体。（　　）
6. 封闭系统与它所处的环境相互作用，受环境影响。（　　）
7. 科学管理也称作泰勒制。（　　）
8. 制度权力来自担任一定职务的人的智慧、经验以及能力等。（　　）
9. 没有统一领导不可能存在统一指挥，有了统一领导也不能保证一定存在统一指挥。（　　）
10. 共同的目标是协作意愿的必要前提。（　　）
11. 决策理论认为管理就是决策，决策只存在于管理的部分过程中。（　　）
12. X 理论认为人本性是好的，人们在正常情况下都热衷于发挥自己的才能和创造性，Y 理论认为人都是好逸恶劳的，人们大都胸无大志。（　　）
13. 中国大规模的现代工业是在 1949 年中华人民共和国成立后发展起来的。（　　）
14. 程序性决策即按照既定的程序做出的决策。（　　）

判断题参考答案

1. √　2. ×　3. ×　4. √　5. √
6. ×　7. √　8. ×　9. √　10. √
11. ×　12. ×　13. √　14. √

三、选择题

1. 在企业里，全体员工团结一致属于我国传统管理思想中的（　　）。
   A. 顺道　　　　　B. 重人　　　　　C. 求和　　　　　D. 利器
2. 巴贝奇认为工人的工资应该由（　　）组成。
   A. 按工作性质所确定的固定工资
   B. 因提出建议而获得的奖励
   C. 按照生产效率及所做贡献分得的利润
   D. 工厂所提供的福利
3. 下列不属于泰勒科学管理理论主要观点的是（　　）。
   A. 组织内最高效的管理方法是经验管理

    B. 实施科学管理的核心问题是要求管理人员和工人在精神上和思想上来一次彻底的变革

    C. 达到最高工作效率的重要手段是用科学管理的方法代替旧的经验管理

    D. 科学管理的根本目的是谋求最高工作效率

4. 任何一个员工或一些员工的利益都不应该凌驾于组织的整体利益之上，这属于法约尔 14 条管理原则中的（   ）。

    A. 劳动分工   B. 秩序

    C. 集权   D. 个人利益服从整体利益

5. 允许员工发起和实施计划会极大地调动他们的热情，这属于法约尔 14 条管理原则中的（   ）。

    A. 首创精神   B. 纪律   C. 职权   D. 公平

6. 定量方法将哪些知识和模型运用到了管理活动中？（   ）

    A. 统计学   B. 计算机模拟运用   C. 信息模型   D. 优化模型

7. 韦伯认为被社会接受的合法权利包括（   ）。

    A. 强迫型权力   B. 法理型权力

    C. 个人魅力型权力   D. 传统型权力

8. 管理人员的职能包括（   ）。

    A. 建立和维护一个信息系统

    B. 制定组织的共同目标

    C. 从不同的组织成员那里获得必要的服务

    D. 维持组织稳定发展

9. 决策过程包括（   ）。

    A. 情报活动   B. 审查活动   C. 决策活动   D. 设计活动

10. 由组织的基层部门组成，直接从事产品生产或服务的是组织结构的（   ）。

    A. 技术官僚   B. 工作核心层

    C. 意识形态或文化   D. 战略高层

    E. 支援幕僚   F. 直线中层

11. （   ）是管理学在研究组织活动时的假设前提。

    A. 组织成员是经济人

    B. 组织是一个决策网络

    C. 组织是由作为操作者的人同物质技术和设备所组成的人机系统

    D. 组织是一个追求经济效益的系统

12. 将马斯洛需求层次理论与赫兹伯格的双因素理论进行比较，属于保健因素的是（   ）。

    A. 生理需求   B. 尊重需求   C. 感情需求   D. 安全需求

    E. 自我实现需求

13. 科学管理理论的特点是（   ）。

    A. 以经济好坏作为评价标准

B. 强调使用先进的管理理论和方法

C. 依靠计算机进行各项管理

D. 将衡量各项活动效果的标准定量化

选择题参考答案

1.C 2.ABC 3.A 4.D

5.A 6.ABCD 7.BCD 8.ABC

9.ABCD 10.B 11.ABCD 12.ACD

13.ABCD

四、名词解释

1. 个人权力   2. 行为科学

3. 正式组织   4. 描述性模型

5. 计件奖励工资制   6. 劳动分工

7. 官僚行政组织   8. 例外管理

9. 等级制度   10. 计划

名词解释参考答案

1. 个人权力是指由任职者的个性、经验、道德品质以及能使下属努力工作的其他个人特性而产生的权力。

2. 行为科学是一门研究人类行为规律的科学。

3. 正式组织是指企业组织体系中的环节，即为了实现企业总目标而承担着明确职能的机构。

4. 描述性模型是说明一个系统怎样工作的模型，可清楚地说明一个问题的现状，并可指明应怎样改变这种现状。

5. 计件奖励工资制是指除了支付日工资外，超额完成部分再计件发奖金；对于完不成定额的员工，企业只支付日工资。

6. 劳动分工就是将工作分解为简单的、重复性的工作。

7. 官僚行政组织是一种以劳动分工、定义清晰的等级制、详细的规章制度以及非个人的关系为特征的组织形式。

8. 例外管理是指企业的上级主管把一般的日常事务授权给下级管理人员去处理，而自己保留对例外事项或重要问题的决策与监督权。

9. 等级制度是从组织的最高权力机构直至最底层管理人员的领导系列，是组织内部进行命令传递和信息反馈的正常渠道。

10. 计划是管理的一个基本部分，包括预测未来和对未来的行动进行安排。

五、论述题

1. 论述管理活动、管理思想和管理理论三者之间的关系。

2. 论述劳动分工的益处。

3. 论述泰勒的科学管理理论。

4.论述法理型权力的特点。

5.明茨伯格认为企业需具备哪六种基本协调机制?

6.论述业务流程再造的七个原则。

论述题参考答案

1.管理活动是管理思想的根基,管理思想来自人们在管理活动中获得的经验;管理理论对管理活动具有指导意义,又要经受管理活动的检验;管理思想是管理理论的源泉,管理理论是对管理思想的提炼、概括和升华,管理理论本身是管理思想,只不过是较成熟、系统化程度较高的管理思想,但并非所有的管理思想都是管理理论。

2.(1)劳动分工可以使工人重复完成单项操作,从而提高劳动熟练程度,提高劳动效率。

(2)劳动分工可以使劳动简化,使劳动者的注意力集中在一个特定的对象上,有利于创造新工具和改进设备。

(3)劳动分工可以减少由于变换工作而浪费的时间。

3.(1)为每项工作开发科学的操作方法,制定科学的工艺流程和劳动时间定额。

(2)把管理与劳动分离,管理者制订计划,劳动者执行计划,管理者与劳动者密切合作,以保证按规定的科学程序完成所有工作。

(3)采用计件工资制度,实行按劳分配。

(4)科学地选择和培训工人,废除师傅带徒弟的制度。

4.(1)为管理的连续性奠定了基础。因为权力是赋予职务而不是个人的,因此权力的运用不会因管理人员的更换而中断。

(2)所有权力都有明确的界定,而且是按照组织任务所必需实现的职能来详细划分的。

(3)管理人员可以借助法律手段来保证权力的行使。

(4)管理人员是按照完成任务所需的能力来挑选的。

5.(1)相互调适。通过私下沟通,如两个基层作业人员之间的沟通来达成协调的目的。

(2)成果标准化或产出标准化。通过规定工作的结果来对组织成员的活动进行协调或控制。

(3)工作程序标准化。为承担相关任务的工作人员明确制定工作程序,以达到协调的目的。这些工作程序通常由技术人员制定,由作业层执行。

(4)直接监督。一个人向其他在工作中相关的人下达命令或进行指示,进而达到协调的目的。

(5)技术(技能)以及知识标准化。通过相关培训,使员工掌握共同的技术或具有共同的知识背景,从而达到协调的目的。

(6)规范标准化。把行为规范渗透到整个组织工作当中,使所有成员基于共同的信念行事。

6.(1)业务流程再造应着眼于最终结果而不是具体任务。

(2)对于地理上分散的资源,按照集中在一起的情况来看待和处理。

(3)将信息加工工作合并到真正产生信息的工作中去。

（4）让使用最终产品的人参与业务流程的再造。

（5）将并行的活动联系起来而不是将任务集成。

（6）把决策点放在工作的执行过程中，并对流程进行控制。

（7）即时掌握信息。

六、案例

管理理论真能解决实际问题吗？

乔、萨利、海伦、汉克四个人都是美国西南金属制品公司的管理人员。海伦和乔负责产品销售，汉克和萨利负责生产。他们刚参加过某大学举办的为期两天的管理培训班。在培训班里，他们主要学习了权变管理理论、系统组织理论和一些有关员工激励方面的内容。他们对所学的理论有不同的看法，并展开了激烈的争论。

乔首先说："我认为系统组织理论对于像我们这样的公司是很有用的。例如，生产工人偷工减料或者原材料价格上涨都会影响我们的产品销售。系统组织理论中讲的环境影响与我们公司的情况也很相似。我的意思是，在目前这种经济环境中，一个公司会受到环境的极大影响。在油价暴涨时期，我们还能控制自己的公司。现在呢？我们要想在销售方面有进步，都要经过艰苦的奋斗。这方面的艰苦，你们大概都深有体会吧！"萨利插话说："你的意思我已经知道了。我们的确有过艰苦的时期，但是我不认为这与系统组织理论有什么必然的内在联系。我们曾在这种经济系统中受过伤害。当然，你可以认为这与系统组织理论是一致的。但是，我并不认为我们有采用系统组织理论的必要。我的意思是，如果每个东西都是一个系统，而且所有的系统都能对另一个系统产生影响，我们又怎么能预见这些影响所带来的后果呢？所以，我认为权变管理理论对我们更适用。如果你说事物都是相互依存的，系统组织理论又能帮我们什么忙呢？"

海伦对他们这样的讨论持有不同的看法。她说："对于系统组织理论，我还没有认真地考虑过。但是，我认为权变管理理论对我们是很有用的。虽然我们以前也经常采用权变管理理论，但是我没有认识到自己在运用权变管理理论。例如，我有一些顾客是家庭主妇，她们常和我谈论关于如何与孩子过周末之类的话题。从她们的谈话中我知道她们要采购哪些东西了。顾客不希望我们'逼'他们去买他们不需要的东西。我认为，如果我们花上一两个小时与他们自由交谈，肯定会提高我们的销售量。但是，我也碰到一些截然不同的顾客，他们一定要我向他们推荐产品，在购物过程中要我替他们做主。这些人也经常到我这里，不是闲谈，而是做生意。因此，你们可以看到，我每天都在运用权变管理理论来应对不同的顾客。为了适应形势，我经常在改变销售方式和风格。许多销售人员都是这样做的。"

汉克有些激动地说："我不懂这些被大肆宣传的理论是什么东西。但是，关于系统组织理论和权变管理理论，我同意萨利的观点。教授们都把自己的理论吹得天花乱坠，听起来很好，但这些理论无助于我们的管理实际。对于培训班上讲的员工激励方面的内容，我也不同意。我认为，泰勒在很久以前就对激励问题有了正确的论述。要激励员工，就是要根据他们所做的工作付给他们报酬。如果员工什么都没做，就用不着支付任何报酬。你们和我一样清楚，人们只是为了钱工作，钱就是最好的激励。"

资料来源：王凤彬，郭长伟，李东，等．管理学．6版．北京：中国人民大学出版社，2023．

思考题

1. 这四位管理人员的观点有什么不同，为什么？

2. 如果你是乔，你如何使萨利信服系统组织理论？

3. 你认为汉克对激励问题的看法是怎样的？他的观点属于哪一种管理理论？

案例思考题参考答案

1. 本案例中的四位管理人员，乔、萨利、海伦、汉克由于处在不同的管理岗位上，所承担的工作内容和职责不同，他们从各自岗位出发来认识管理问题，因而观点迥然不同。

乔从事销售管理工作，可能更关注产品的信誉、质量、价格等问题，因而他试图从系统组织理论中的内外因素相互联系与作用的观点来考虑销售问题。

萨利从事生产管理工作，可能更注重生产过程的连续性、规范性、程序性、纪律性，因而更赞同权变管理理论，即根据不同的产品设计、工艺、时间、批量等要求来合理安排人员、任务以及生产过程，使生产过程管理能更有针对性和有效性。

海伦从事的是推销工作，直接与顾客打交道，因而她认为权变管理理论更为实用，即根据不同顾客的特点采取不同的促销方式。

汉克是从事基层生产管理工作的，因而更关心激励问题，由于管理对象是一线工人，因此汉克更赞同X理论观点，即认为组织工人只为金钱而工作，在管理上采取奖勤罚懒的方式。

2. 要说服别人信服系统组织理论，主要应从系统的特性，即整体性、相关性、层次性、动态性、环境适应性等出发，并结合企业情况来说明。

例如，生产过程包括工序、工艺、质量、设备、人员、时间、库存、成本等方面的问题，这些问题都是相互联系的，同时与营销、计划、财务、考勤、设计开发等存在相互关系，所以应以全局优化的系统观点来从事管理工作。

3. 汉克更赞同X理论观点，即认为工人只为金钱而工作，在管理上采取奖勤罚懒的方式。传统观点（X理论）认为工人天生懒惰，工作是为了生活，工人回避责任，没有抱负等。然而Y理论认为工人天生勤奋，能够自我约束，勇于承担责任，具有创造能力，有高层次的需求。

第 3 章　管理道德与社会责任

第一部分　知识点

一、关键知识点

1. 道德的定义
2. 社会义务的定义
3. 社会响应的定义
4. 社会责任的定义
5. 20 世纪西方学术发展的几种实践模式
6. 道德的管理学意义
7. 几种相关的道德观
8. 道德管理的特征
9. 影响道德行为的因素
10. 鼓励道德行为的措施
11. 企业承担社会责任的体现
12. 独立的社会审计的作用
13. 当代企业的社会责任和需遵守的道德规范

二、知识点精解

1. 社会义务

社会义务是指企业由于承担着履行特定经济和法律责任的义务而从事的社会活动。特点：承担经济和法律责任，追求的社会目标仅限于有利于其经济目标的实现。

2. 社会响应

社会响应是指企业为满足某种普遍的社会需要而从事的社会活动。特点：适应变化的社会状况，由社会准则所引导。

3. 社会责任

社会责任是指企业在其经济和法律责任之外愿意去做正确的事情，并以有益于社会的方式行事的意向。特点：企业追求有利于社会的长远目标，超越了法律和经济的要求，此时可将企业看作是有道德的行为者。

4. 道德

道德是指判断是非的原则或者准则。本质上是否存在伤害他人、损害他人的利益的情况是判断某种行为是否道德的基本准则。因此，道德的概念具有行为指向性，即某种行为对某些人来说可能是道德的，而对其他人来说可能是不道德的。比如员工为了更好地服务客户而违反企业规定甚至社会规范，员工的这一行为对客户来说是道德的，而对企业或社会全体来说可能是不道德的。

5. 道德发展层次及对应的阶段

道德发展层次及对应的阶段见表3-1。

表3-1　道德发展层次及对应的阶段

层次	定义	阶段
前习俗层次	一个人对是非对错的判断是基于个人从外界获得的结果，例如物质惩罚、报酬或利益	遵守规则以免受惩罚
		仅当符合直接利益时遵守规则
习俗层次	道德行为取决于维护预期标准和满足他人期望	行事符合周围人的期望
		履行自己所赞同的义务以维护秩序
原则层次	个体摆脱自己所属群体或整个社会的权威看法，定义自己的道德价值观	尊重他人的权利，支持不相关的价值观和权利，不管其是否与大多数人的意见相同
		遵循自己选择的道德原则，即使它违背了法律

沿着每一个阶段连续提升，个体的道德判断会变得越来越内在化并独立于外界影响。人们会按次序通过这六个阶段，但并不能够保证获得持续的道德发展，大部分成年人处于第四阶段，他们被限制于遵守相关的规定，并倾向于有道德地行事。处于第三阶段的管理者很有可能是根据惯例来做出决策的。处于第四阶段的管理者会做出尊重企业规定和程序的决策，努力成为一名"良好的企业公民"。处于第五阶段的管理者很有可能会向自己认为是错误的行为提出质疑或挑战。

6. 影响道德行为的因素

第一，道德发展阶段。很显然，处于不同发展阶段的个体，其道德行为是不一样的。

第二，个体特征。如内控的人更有可能做出道德行为，而外控的人更有可能做出不道德行为。

第三，组织结构因素。组织设计的模糊性和不确定性越小，越有可能促进道德行为的产生。组织目标设置不当能够导致不道德行为的产生，当员工感知无法实现设定的目标时更有可能采取不道德的行为。

第四，组织文化。高风险承受力、高度控制、对冲突高度宽容的文化最有可能鼓励道德行为。

第五，问题强度。指道德问题的后果严重性，强度大的问题能促发更道德的行为。

7. 鼓励道德行为的措施

第一，甄选合适的员工。企业可以招聘道德水平高、内控的候选人。

第二，制定道德准则。企业必须制定关于基本价值观和道德准则的正式文件，必须不断重申道德准则的重要性，必须公开谴责那些违背道德准则的人。

第三，规范高层管理者言行。行胜于言，高层管理者应该以身作则，做员工的道德榜样。

第四，制定工作目标。企业制定的目标应该明确并贴合现实，尽量减少模糊性。

第五，评估绩效。在绩效评估中增加对道德标准的要求。把道德作为绩效评估的内容之一。

第六，组织道德培训。企业应该开发一些道德培训项目培训员工，从而提高员工的道德水平。

第七，利用独立的社会审计。利用外部独立的社会审计审核、监督企业的内部活动。

第八，建立正式的保护机制。建立正式的保护机制，保护那些处于道德困境中的员工，让他们可以按自己的判断行事而不必担心受到惩罚。

第二部分　习题与案例

一、填空题

1.通常用来判断是非的原则或者准则被称为_____。

2.道德发展的最低层次是_____。

3.大部分成年人处于道德发展的第_____阶段。

4.甄选程序应该被视为一个可以详细了解员工的_____、_____、_____以及_____的大好机会。

5.组织文化的_____和_____会影响道德行为。

填空题参考答案

1.道德

2.前习俗层次

3.四

4.道德发展水平　个人价值观　自我强度　控制点

5.内容　强度

二、判断题

1.在社会体系中，家庭、民族、市民社会，是伦理实体的三大基本形态，企业则是市民社会中伦理实体的一种具体的存在方式。（　　）

2.伦理与法律一样，需要通过行政命令或法定程序来制定或者修改。（　　）

3.正式的规章制度会减少违反伦理行为的产生。（　　）

4.法律是所有社会成员必须遵守的最起码的行为规范，我们只需要遵守法律就行。（　　）

5.崇尚道德的管理不仅从组织自身角度更应从社会整体角度思考问题。（　　）

6. 认为要完全依据后果或者结果做出决策是道德功利观的主张。（　　）

7. 人们可以一步一步地依次通过道德的六个阶段，也可以跨越某个阶段。（　　）

8. 价值准则就是关于什么是对、什么是错的基本信念。（　　）

9. 社会经济学认为：管理者的社会责任不只是盈利，还包括保护和改善社会福利。（　　）

判断题参考答案

1. √　2. ×　3. √　4. ×　5. √

6. √　7. ×　8. √　9. √

三、选择题

1.（　　）要求管理者考察各行业和各公司的道德准则，以决定什么是对的、什么是错的。

  A. 功利观　　　　　　B. 社会契约观　　　C. 公平观　　　　　D. 权利观

2. 企业的首要社会责任是（　　）。

  A. 为社会提供就业机会　　　　　B. 举办公益活动

  C. 做好生产经营，获取必要的利润　　D. 改善生态环境

3. 管理道德的根本目的是（　　）。

  A. 管理者的责任意识　　　　　　B. 社会一般道德原则

  C. 管理系统的整体利益　　　　　D. 管理活动的职业特殊性

4. 能正确解释同工不同酬现象的道德观是（　　）。

  A. 功利主义道德观　　　　　　B. 社会契约道德观

  C. 公平公正道德观　　　　　　D. 权力至上的道德观

5. 下列属于企业承担社会责任的理由是（　　）。

  A. 满足公众期望　　　　　　　B. 创造良好的环境

  C. 承担道德义务　　　　　　　D. 获取长期利润

6. 企业对环境的责任主要体现在（　　）。

  A. 污染环境的企业要采取切实有效的措施来治理环境

  B. 赋予顾客自主选择的权利

  C. 企业要在保护环境方面发挥主要作用，特别是在推动环保技术的应用方面发挥示范作用

  D. 提供正确的产品信息

  E. 要以绿色产品为研究与开发的主要对象

7. 下列属于反对企业承担社会责任的理由是（　　）。

  A. 违反利润最大化原则　　　　B. 权力过大

  C. 冲淡目标　　　　　　　　　D. 责任过大

8. 提高员工道德素质的途径是（　　）。

  A. 在道德方面引导员工　　　　B. 提供正式的保护机制

  C. 用经济成果来衡量绩效　　　D. 制定正确的道德准则与决策准则

9. 有关道德发展阶段的研究表明（　　　）。

　　A. 人们会按次序通过道德的六个阶段，不能跨越

　　B. 多数成年人的道德发展停留在最后一个阶段

　　C. 道德发展不会终止

　　D. 道德发展可能会随机停留在任何一个阶段

10. 影响道德行为的因素包括（　　　）。

　　A. 道德发展阶段　　　　　　　　B. 组织文化

　　C. 组织结构因素　　　　　　　　D. 个体特征

选择题参考答案

1. B　　2. C　　3. C　　4. B

5. ABCD　6. ACE　7. ABC　8. ABD

9. AD　　10. ABCD

四、名词解释

1. 社会责任　　　　　　　　　2. 道德

3. 公平公正道德观　　　　　　4. 基于价值观的管理

5. 独立的社会审计

名词解释参考答案

1. 社会责任是指企业在其经济和法律责任之外愿意去做正确的事情，并以有益于社会的方式行事的意向。

2. 道德是指判断是非的原则或者准则。

3. 公平公正道德观是指管理者不能因种族、性别、个性、个人爱好、国籍、户籍等因素歧视部分员工，按照同工同酬的原则和公平公正的标准向员工支付薪酬的行为是善的。

4. 基于价值观的管理是指利用组织的价值观来指导员工如何开展他们的工作。

5. 独立的社会审计是指根据被审计组织的道德准则来评估该组织的决策和管理活动，从而提高不道德行为被发现的可能性。

五、论述题

1. 社会责任感意味着什么？有哪些因素影响社会责任感？

2. 论述管理者在鼓励道德行为方面可以采取的措施。

3. 企业为什么需要伦理道德？

4. 企业承担社会责任主要体现在哪些方面？

论述题参考答案

1. 社会责任感意味着在一个特定的社会里，人们不仅仅是为满足自己的需求而生活。每个人在心里和感觉上对其他人有着关怀伦理和义务。具体来说，社会并不是无数个独立个体的集合，而是一个不可分割的整体。

对于企业来说，社会责任感受内部因素和外部因素的影响。

内部因素包括：

（1）企业利润。企业在获得了利润后，就可以投入更多的资源以承担社会责任，这样就在企业内部形成了一个良性循环。

（2）企业文化。一个以人为本的企业，其员工会有较强的履行社会责任的意识，同时也会关注企业与社会的和谐发展。

（3）企业战略。通过技术革新等企业战略，企业可减少生产活动各个环节对环境可能造成的污染，同时也可以通过降低能耗、节约资源、降低企业生产成本，使产品价格更具竞争力，从而实现可持续发展，承担更多社会责任。

外部因素包括：

（1）制度和政策。制度和政策可以让更多的企业明白履行社会责任的重要性及其与企业长远发展的战略关系，引导企业积极承担社会责任。

（2）全球化趋势。履行社会责任不再是一个企业或一个国家的单独行为，而是全球供应链的共同责任，是一种全球化趋势和潮流。

（3）消费者。企业必须获得消费者的信任，如果消费者对企业有排斥心理，会严重阻碍企业的生存与发展，进而影响企业履行其社会责任。

（4）投资者。投资者在制定投资决策的时候，会把被投资企业所处的社会环境和企业治理问题作为重要的考量因素，而且要能证明，投资一个富有社会责任感的企业对投资者而言会获得长期的回报。投资者还会评估和比较社会责任投资基金和其他类型投资基金的绩效。

2. 管理者的行为是影响员工是否有道德地行事的最重要的因素。管理者还可以在企业里采取一些具体的措施来鼓励道德行为：

（1）甄选合适的员工。

（2）制定道德准则。企业必须制定关于基本价值观和道德准则的正式文件，必须不断重申道德准则的重要性，必须公开谴责那些违背道德准则的人。

（3）规范高层管理者言行。行胜于言，高层管理者应该以身作则，做员工的道德榜样。

（4）制定工作目标。企业制定的目标应该明确并贴合现实，尽量减少模糊性。

（5）评估绩效。在绩效评估中增加对道德标准的要求。把道德作为绩效评估的内容之一。

（6）组织道德培训。企业应该开发一些道德培训项目培训员工，从而提高员工的道德水平。

（7）利用独立的社会审计。利用外部独立的社会审计审核、监督企业的内部活动。

（8）建立正式的保护机制。建立正式的保护机制，保护那些处于道德困境中的员工，让他们可以按自己的判断行事而不必担心受到惩罚。

3. 企业之所以需要伦理道德，不只是因为现代经济运行面临诸多伦理困境与道德风险，更不是因为伦理道德有助于企业更好地达到经济目的，最根本的是，伦理道德是现代企业的核心价值构件，具有特殊的管理意义和文明意义。只有符合伦理道德的企业才能获得市场的认可，符合伦理道德的管理者才能获得下属的认可。伦理道德能够左右企业的发展路径，并促使落后企业也逐步引入伦理道德，削弱企业中的两极分化现象。

4. 第一，把企业做强做大做久。努力提高企业的竞争力，不断创新，向社会提供更好的产品和服务，使人民的物质生活和文化生活更丰富和更美好。

第二，投身社会慈善事业。积极投身教育、医疗、公共卫生、疾病防治等事业并对由于遭遇天灾人祸而需要帮助的人，企业根据自身优势，及时伸出援助之手，尽到应尽的社会责任。

第三，社区福利投资。对企业所在社区或其他特定社区的建设进行福利投资，包括医院、学校、幼儿园、敬老院、住宅、公共娱乐设施、商业中心、图书馆等有关社区居民福利的设施的投资，且不以赚取商业利润为目的。

第四，企业的一切经营管理行为应当符合道德规范。其中包括企业内部管理、产品设计、制造、产品质量、广告用语、营销手段、售后服务、公关工作等。

第五，保护自然环境，主动降低对能源和其他不可再生资源的消耗，尽可能地减少企业活动对生态的破坏。积极参与节能产品的研究与开发，参与地球荒漠化和地球变暖所引发的各种灾害的研究和治理。

六、案例

一支扭亏帮促队，救活企业18家

安徽三星化工有限公司（以下简称"三星化工"）位于安徽省涡阳县，是一家大型国有企业。该公司原是一家小化肥厂——涡阳县化肥厂，建于1970年，1974年投产后连年亏损，到1979年累计亏损486万元。当年安徽省要求年亏损100万元的小化肥厂全部关闭，该厂的亏损额是99.99万元，濒临关闭边缘。1980年初，该厂在新任负责人、全国劳动模范、优秀企业家潘立鼎的带领下，通过强化管理、大搞技改、开拓市场，迅速扭亏为盈。从1980年起连年盈利，在自身日益壮大的同时，三星化工还发扬支援与协作精神，运用自己的成功经验，积极主动帮扶困难企业，先后帮扶了18家亏损企业，这些企业在短期内扭亏为盈，三星化工被誉为"企业雷锋"。

三星化工从1990年起，采取托管和帮扶等方式帮扶了涡阳县农机一厂、涡阳县农机二厂、涡阳县磷肥厂、涡阳县造纸厂、涡阳县塑编厂等5家濒临倒闭的县属国有中小企业。其帮扶措施主要有：

（1）派出干部，实现困难企业领导班子的更新。三星化工帮扶困难企业，重在帮助企业提高领导班子的整体素质。通过帮扶困难企业，三星化工培养了一批有独立领导能力的中层干部，在托管、帮扶困难企业时，这些管理人才就能发挥重要作用。三星化工从自己企业选派得力的中层干部，调整、充实到困难企业的领导班子中，使之成为团结群众、领导企业的坚强核心。这些中层干部把三星化工规范的管理、严格的纪律、务实的态度、开拓的精神带进被帮扶的企业，使这些企业的面貌焕然一新，迅速从亏损转向盈利。

（2）输出管理，实现困难企业管理制度的创新。三星化工在托管、帮扶涡阳县5家困难企业的过程中，着力推进这些企业管理制度上的创新，比如对涡阳县造纸厂，主要进行了两方面的制度创新：一是对该厂负责人实行年薪制，对管理者建立有效的激励和约束机制。同时对职工实行岗位技能工资制和计件工资制，按照工人生产的产量支付工资，并把奖励的重心向苦、脏、累、险岗位倾斜，充分调动了广大职工的积极性。二是推行内部职工持股制度，将职工股的比重控制在 70% 左右，增强职工的"资产关切度"，使改制取得实质性进展。

（3）调整结构，实现困难企业产品结构的创新。就被帮扶的企业而言，产品老化、没有市场是造成亏损的主要原因。结合企业自身发展的产业优势，三星化工对涡阳县农机二厂进行了产品和技术结构调整，将其主业从农业机械调整为化工机械：培养了一批化工机械维修技术人员，这些技术人员可以从事化工企业大修和技改；成立了化工技术安装服务队，这个服务队可以到化工企业提供技术服务。涡阳县农机二厂很快转行成功，并迅速融入三星化工。

三星化工在本着"先帮扶救活，后兼并或收购"的原则，采取多种方法帮扶，这些企业很快有了起色，这些企业的干部职工感受到了三星化工的管理能力和先进水平，然后再通过兼并或收购等方式进行重组。三星化工利用其产业优势与这些被帮扶的企业共同组成企业集团，发挥了集团经济的优势，创造了一定的经济效益和社会效益，对稳定县域经济，特别是解决就业问题起到了特别重要的作用。

资料来源：王瑞华，贾晓菁，王玉霞.中国工商管理案例精选：第四辑.北京：中国财政经济出版社，2014.

思考题

1. 你如何看待三星化工帮扶困难企业的行为？

2. 你如何看待企业同行间的竞争与协作关系？

3. 中小企业管理是全球性的管理难题，但中小企业管理还是有一定的规律性，我们怎样利用这些规律性的东西来指导更多的企业获得发展？

案例思考题参考答案

1. 三星化工对 18 家亏损企业进行帮扶，并使它们在较短的时间内扭亏增盈的"企业雷锋"行为是值得充分肯定的。三星化工与同行有一定的市场竞争关系，但当同行有困难时仍毫无保留地给予帮扶，使同行走出困境，共同发展。三星化工在亏损企业陷入困难时义无反顾地挺身而出，不仅在管理、技术上给予帮助，还在产业结构上开展合作，与这些企业协同发展。企业的目标不能只局限于利润目标，也要主动承担社会责任，使经济效益与社会效益相得益彰。三星化工对中小亏损企业的帮扶充分说明，在市场经济条件下，企业的利润目标与社会责任是可以统一的，也应该是统一的。三星化工帮扶困难企业的做法给我们诸多启示，在今天仍有其管理学价值和现实意义。

2. 在市场经济条件下，企业之间的关系不仅仅是一种竞争的关系，还应是一种互助合作的关系。帮扶困难同行好像是扶持了竞争对手，但三星化工帮扶同行的同时，自身也得到了发展。十年时间里，三星化工的帮扶行动不仅帮扶了对方，也为自己培养了一批管理、技术人才。这些人才为企业后来的发展壮大提供了强大的人力资本。这种"企业雷锋"行为，并没有形成恶性竞争，反而形成了利益共同体，也强化了三星化工在同行业以及当地的"龙头"地位。三星化工在积极履行企业社会责任的同时，也为自己赢得了社会赞誉，提升了品牌影响力。

3. 在县域经济中，绝大多数企业是中小企业，财政收入、整个经济都依赖于中小企业。总结三星化工对这些企业帮扶的经验，从中我们可以找出一些对于搞活企业起重要作用的经验和规律。例如，中小企业的发展需要大批经营管理人才和技术人才，搞活中小企业应花大力气，应培养大批适应市场经济发展的合格人才，而三星化工不仅向被帮扶企业派出了精明强干的经营管理人才，也锻炼了自己的队伍，为自己培养了一批合格的管理人才。委托经营是当时搞活国有中小企业的一条行之有效的路径。三星化工对同行业亏损企业的帮扶主要是向亏损企业派出管理、技术人才，输出先进的管理经验，改善经营管理和帮助其进行技术改造等来实现扭亏增盈的。这种做法与委托经营类似，也从一个侧面证明，委托经营是一种搞活中小企业的有效方法。

第 4 章　　管理情境

第一部分　知识点

一、关键知识点

1. 管理万能论
2. 管理象征论
3. 组织的外部环境
4. 外部环境的影响方式
5. 组织文化
6. 创新文化和响应顾客的文化
7. 职场精神
8. 全球观
9. 区域性贸易联盟
10. 全球贸易机制
11. 国际组织
12. 组织的全球化
13. 管理的全球环境
14. 员工多样性
15. 劳动力队伍的变化

二、知识点精解

1. 管理万能论和管理象征论

管理万能论认为管理者决定组织成败，其素质决定组织的效率和效果。而管理象征论认为组织成败不可控，组织的成败在很大程度上归因于管理者无法控制的外部力量。

这两种观点都过于简单化和理论化，在现实生活中，管理者既不是万能的，对组织而言也不是毫无助益的，他们的决策和行动受到约束。外部约束来自该组织面临的外部环境，而内部约束则来自该组织的文化。在现实中，既要注重管理者的作用，又不能过分夸大其作用。

2. 组织的外部环境

外部环境指组织之外能够对该组织的绩效产生影响的因素和力量。包括以下组成部分：

经济环境，包括利率、通货膨胀率、可支配收入的变化、股市的波动、经济周期所处的阶段等因素。

人口环境，包括人口特征（例如年龄、种族、性别、受教育程度、地理位置、收入、家庭构成）及其发展趋势。

政治 / 法律环境，指中央及地方的法律法规、全球法或其他国家的法律法规，还包括一个国家或地区的政治状况和稳定性。

社会文化环境，指社会的和文化的因素，例如价值观、态度、趋势、文化传统、生活方式、信仰、品位以及行为模式等。

技术环境，指科技发明和工业创新。

全球化环境，包括各种与全球化和世界经济相关的事项。

3. 环境的不确定性

环境的不确定性指组织外部环境中要素的数量及其变化程度，包括环境的复杂程度（复杂性，即环境中的要素数量）和环境的变化程度（动态性，即环境发生变化的速度）两个维度。根据这两个维度可以将环境的不确定性分成四类，见图 4-1。

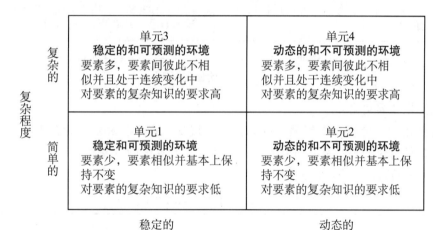

图 4-1　环境不确定矩阵

单元 1（稳定和可预测的环境）代表环境的不确定性程度最低，而单元 4（动态的和不可预测的环境）则代表环境的不确定性程度最高。管理者在单元 1 中对组织绩效有最大的影响，在单元 4 中的影响则最小。

4. 组织文化

组织文化是组织成员共有的能够影响其行为方式的一系列价值观、信念、看法和思维方式的总和。组织文化分为两个层次：文化内涵（最高目标、价值观、基本理念）和文化载体（物质载体、符号载体和行为载体）。

每个人都受到组织文化的影响，但这种影响往往不为人知，只有当组织推行与之前价值观相悖的战略、计划等时，人们才能感受到组织文化，或者当我们遇到与自己所在组织的文化不一样的文化时，我们才能感受到自己组织的文化。

5. 组织文化的类型

不同的学者对组织文化进行了不同的分类，比较经典的是卡梅伦和奎因的竞争价值观框架模型，如图 4-2 所示。

	宗族型	活力型
灵活	友好的工作环境。员工之间相互沟通，像一个大家庭。管理者以导师甚至家长的形象出现。组织靠忠诚或传统来凝聚员工，强调凝聚力、士气，关注客户和员工，鼓励团队合作、参与和协商。组织的成功意味着人力资源的发展。	充满活力的、有创造性的工作环境。员工敢为人先、勇于冒险。管理者以革新者和敢于冒险的形象出现。组织靠不断实验和革新来凝聚员工，强调管理者的地位。组织的成功意味着提供了独特的产品或服务，提倡个体主动性和自主权。
稳定	层级型	市场型
	非常正式、有层次的工作环境。员工做事有章可循。管理者以协调者和组织者的形象出现，组织靠正式的规则和政策凝聚员工，长期目标是组织运行的稳定性和有效性。组织的成功意味着可靠的服务、良好的运行和低成本。	结果导向型的工作环境。强调员工之间的竞争，以目标为导向。管理者以推动者和竞争者的形象出现，组织靠强调取胜来凝聚员工，关心声誉和成功。长期目标具有竞争性，并关心可测度目标的实现。组织的成功意味着较大的市场份额和较高的市场地位。

关注内部　　　　　　　　　　　关注外部

图 4-2　竞争价值观框架

6. 强文化和弱文化

在强文化中，价值观得到强烈认同并广为接受。强文化和弱文化的对比见表 4-1。强文化一定是有效的吗？有些研究发现强文化确实和高绩效联系在一起。但也有研究认为强文化可能妨碍员工尝试新的方法。

表4-1　强文化和弱文化的对比

强文化	弱文化
价值观被广为接受	价值观被一部分人接受，通常是高层管理者
对于什么是重要事项，文化能够传递一致的信息	对于什么是重要事项，文化会传递相互矛盾的信息
绝大多数员工了解公司历史或重要人物	员工不太了解公司历史或重要人物
员工对文化产生强烈认同	员工对文化的认同程度低
行为与共享的价值观之间存在紧密联系	行为与共享的价值观之间不存在联系

总的来说，强文化有助于降低企业绩效的波动性，但其影响程度与企业所在行业的波动性相关。在较稳定的环境下，强文化会带来更突出、更稳定的绩效；但随着行业波动性的提高，强文化在绩效稳定性方面的优势就减弱了。

7. 创新文化

创新文化具有以下特点：

● 挑战和参与：对于组织的长期目标和成功，员工给予认同、为其投入且受其激励。

● 自由：员工能够独立定义他们的工作，有一定的自由决定权。

- 信任和开放：员工互相支持、彼此尊重。
- 创意时间：有时间寻找新的创意。
- 乐趣 / 幽默：工作场所是轻松的和有趣的。
- 冲突的解决：员工在做出决策和解决问题时是基于对组织利益的考量。
- 辩论：允许员工表达意见和提出建议。
- 冒险：员工会因冒险而受到奖励。

8. 职场精神

职场精神指在集体环境中通过从事有意义的工作来获得对目的的感知。拥有职场精神的组织往往具备五个特征：

第一，强烈的目的感。拥有职场精神的组织围绕着某个有意义的目的来创建它们的文化。

第二，对个人发展的关注。拥有职场精神的组织深刻认识到个人的价值和意义，员工在这样的组织中能够不断学习和成长。

第三，信任和开放。拥有职场精神的组织具备相互信任、诚实和开放等特征。

第四，员工授权。管理者相信员工能够忠于职守，作决策时会经过一番深思熟虑。

第五，对员工意见的包容。

职场精神本质上就是在工作中寻找人生意义。人拥有意识，试图在他们的工作中寻找意义和目的，渴望与其他人建立联系并成为集体的一部分。

9. 三种全球观

民族中心论认为母国的工作和管理方式是最好的，不愿意让东道国员工掌握关键的决策权和技术。持有民族中心论的企业一般会建立全球公司，即决策权集中在母国的跨国公司，实施全球一体化。

多国中心论认为东道国的管理人员掌握最佳的经营方式，应该由东道国员工掌握决策权。持有多国中心论的企业一般会建立多国化公司，即决策权下放给东道国的跨国公司，人员招聘、营销都实行本土化。

全球中心论认为应该在世界范围内选用最佳方式和最优秀的人才。持有全球中心论的企业一般会建立无国界组织，即不以地理界限 / 国家作为组织结构划分的基础，着眼于全球，提高其在全球竞争市场上的效率和效果。

10. 员工多样性

员工多样性是指使得组织中的员工彼此不同或相似的所有方法。包括表层多样性（性别、种族、国籍、地域、出身、党派）和深层多样性（价值观、个性、偏好）。

第二部分　习题与案例

一、填空题

1. 组织的外部约束来自该组织面临的_____，而内部约束来自该组织的_____。

2.组织文化的七个维度：关注细节、_____、_____、_____、进取性、稳定性、创新与风险承受力。

3.拥有职场精神的组织往往具备五个特征：强烈的目的感、_____、_____、_____、对员工意见的包容。

4.在全球化中，存在三种可能的全球观：_____、_____、_____。

5.国际公司一共有四种类型：_____、_____、全球公司、_____。

6.组织的外部环境包括：_____、_____、政治/法律环境、_____、技术环境、全球化环境。

7.管理者如果选择某个海外国家直接投资，可以建立_____作为自主经营的、独立的生产机构或办事处。

8.研究表明，_____对员工的影响要大于企业文化对他们的影响。

9.环境的不确定性的两个维度：环境的_____和环境的_____。

填空题参考答案

1.外部环境　文化

2.成果导向　员工导向　团队导向

3.对个人发展的关注　信任和开放　员工授权

4.民族中心论　多国中心论　全球中心论

5.跨国公司　多国化公司　无国界组织

6.经济环境　人口环境　社会文化环境

7.外国子公司

8.民族文化

9.复杂程度　变化程度

二、判断题

1.组织的外部环境包括利率、通货膨胀率、人口发展趋势、社会文化形态、成员价值观。（　　）

2.管理理论以及整个社会的主流观点认为，管理者对组织的成败承担直接责任。（　　）

3.不论哪一代婴儿潮，他们在不同的人生阶段都会显著受到外部环境的影响。（　　）

4.经济大衰退至现在，全球经济缓慢复苏，绝大多数专家仍认为管理者和组织面临的经济环境没有变化，而且将继续制约管理者和组织的决策和行动。（　　）

5.作为强文化，它的价值观得到了组织成员的强烈认同并被广为接受。（　　）

6.弱文化的价值观局限于一部分人，通常是基层员工。（　　）

7.世界贸易组织的前身是二战结束后签订的关贸总协定。（　　）

8.全球采购是指从全世界品质最优良的各个产地采购原材料以及雇佣劳动力，使得最终产品能以优良的品质赢得消费者。（　　）

9.一个国家的政治/法律环境是外资企业在进入当地时重要的调查和评估项目。（　　）

10. 各国的经济体制要么是自由市场经济，要么是计划经济。（　　）

判断题参考答案

1. ×　2. √　3. √　4. ×　5. √

6. ×　7. √　8. ×　9. √　10. ×

三、选择题

1. 外部环境通过（　　）影响管理者。

　A. 环境的不确定性　　　　　　　　B. 利益相关者

　C. 组织文化　　　　　　　　　　　D. 工作岗位和就业

2. 通常情况下，（　　）可以成为组织的利益相关者。

　A. 竞争者　　　　B. 老师　　　　C. 媒体　　　　D. 顾客

3. 员工可以通过（　　）来"学习"组织的文化。

　A. 故事　　　　B. 物质符号　　　　C. 奖金　　　　D. 仪式

4. 一种支持创新的文化应该具备（　　）等特点。

　A. 信任和开放　　B. 自由　　　　C. 严谨　　　　D. 创意时间

5. 对于响应顾客的文化，以下哪些说法是正确的？（　　）

　A. 有热情、耐心、友善、专注的员工

　B. 员工会答应顾客的任何需求

　C. 员工有清晰的角色定位

　D. 高自主权、无僵化规则和程序

6. （　　）属于区域性贸易联盟。

　A. 欧盟　　　　B. 世界贸易组织　　C. 非洲联盟　　　D. 东南亚国家联盟

7. 重要的全球贸易机制包括（　　）。

　A. 世界银行集团　　　　　　　　　B. 北美自由贸易协定

　C. 经济合作与发展组织　　　　　　D. 国际货币基金组织

8. 从事全球经营的管理者在东道国做生意时，必须了解该国的经济事项如（　　）。

　A. 经济体制　　B. 通货膨胀率　　C. 税收政策　　　D. 货币汇率

9. 为了方便管理者对各国文化的理解，霍夫斯泰德的研究运用了五个维度来衡量文化，包括（　　）。

　A. 个人主义与集体主义　　　　　　B. 不确定性规避

　C. 权力距离　　　　　　　　　　　D. 绩效导向

10. 全球化运作所必需的开放性也为组织的全球经营带来了诸多挑战，如（　　）。

　A. 文化侵略　　　　　　　　　　　B. 恐怖主义威胁加剧

　C. 文化差异　　　　　　　　　　　D. 经济的多米诺骨牌效应

选择题参考答案

1. ABD　2. ACD　3. ABD　4. AB

5. ACD　6. ACD　7. ACD　8. ABCD

9. ABC   10. BCD

四、名词解释

1. 管理象征论   2. 组织文化
3. 全球中心论   4. 员工多样性
5. 战略联盟   6. 狭隘主义
7. 利益相关者   8. 职场精神
9. 全球公司   10. 合资企业

名词解释参考答案

1. 管理象征论认为，组织的成败在很大程度上归因于管理者无法控制的外部力量。

2. 组织文化是组织成员共有的能够影响其行为方式的一系列价值观、信念、看法和思维方式的总和。

3. 全球中心论是一种全球取向的观点，强调在世界范围内选用最佳方式和最优秀的人才。

4. 员工多样性是指使得组织中的员工彼此不同或相似的所有方法。

5. 战略联盟是指两个或两个以上的企业或跨国公司建立的一种伙伴关系，使各方在开发新产品或建设生产设施时可以分享资源和知识。

6. 狭隘主义是指只从自己的视角来看待这个世界。具有狭隘主义的人不会意识到其他人有着不同的生活方式和工作方式。

7. 利益相关者是指组织的外部环境中受组织决策和行动影响的任何相关者。

8. 职场精神是一种文化，在这种文化中，组织的价值观提倡员工通过在集体环境中从事有意义的工作来获得对目的的感知。

9. 全球公司是指把管理权和其他决策权都集中在母国的跨国公司，反映了民族中心论。

10. 合资企业是指各合作方为了某个商业目的而共同组建的一个自主经营的、独立的组织。

五、论述题

1. 员工多样性可以带来哪些利益？
2. 组织文化是怎样影响管理者与组织的决策的？
3. 哪些世界人口发展趋势会对劳动力市场产生重要影响？
4. 在进行员工多样性管理时，管理者会面临哪些挑战？
5. 企业怎样吸引和保留多元化的员工？给出你的建议。

论述题参考答案

1. 员工多样性带来的利益体现在三个方面：

第一，战略层面的利益。增强对市场的理解，提高组织向消费者更好地开展营销活动的能力；挖掘提高销售额和市场份额的潜力；由于提高创新能力而获得潜在的竞争优势；使组织被认为是包容的，这是组织做的"正确"的事情。

第二，人力资源管理方面的利益。更好地发挥员工的才能；提高团队解决问题的能力；提高吸引和保留多元化的员工的能力。

第三，组织绩效方面的利益。降低与高辞职率、员工缺勤和法律诉讼相关的成本；提高组织解决问题的能力；提高系统的灵活性。

2.一个组织的文化，尤其是强文化，会影响和约束管理者进行计划、组织、领导和控制的方式。

（1）计划：应该包含的风险程度；由个体还是团队制定；管理层对环境的考察程度。

（2）组织：应赋予员工多大的自主权；工作任务应由个人还是团队完成；部门经理彼此之间联系和互动的程度。

（3）领导：管理者对提高员工工作满意度的关注程度；什么样的领导风格是合适的；是否所有的不同意见（即使是建设性的）都应该消除。

（4）控制：对员工的行为是施加外部控制还是允许员工自我控制；在进行员工绩效评估时应该使用什么标准；预算超支会导致什么后果。

3.人口老龄化和世界总人口下降会对劳动力市场产生重要影响。

第一，人口老龄化直接影响社会的方方面面：家庭结构、工作和退休模式、社会权利的需求、劳动力供给等等。这些变化将重塑整个劳动力市场与企业工作场所，将深刻影响未来管理者和组织的管理方向。

第二，根据联合国预测，2050年世界人口将达到98亿，并稳定下来。这是由于随着各国经济发展，出生率将不断下降。而在非洲、拉丁美洲等地区的发展中国家，出生率将维持高水平，产生人口红利。

4.管理者面临的两个主要挑战是玻璃天花板和个人偏见。

玻璃天花板指的是把女性及少数群体与最高管理层职位隔离开来的无形障碍。

偏见则是对某种特定的观点或意识形态所持的一种倾向或偏好。偏见会导致成见，即对一个人或一群人所持的一种先入为主的观点、看法或判断；还会导致生搬硬套，即根据自己对对方所属群体的印象和看法来判断对方；也会导致歧视，即当某个人对某人有偏见时，就会产生歧视。

5.在保证企业目标实现的前提下，选择灵活的工作方式和工作地点，提高员工工作效率。

个人价值与企业目标的和谐共进是关键，企业应积极承担社会责任，树立良好的形象，注重社会承诺、社会效益。

报酬也是一个重要的考虑因素，企业需要设计灵活的定制化的激励措施，满足更多员工的需求和偏好。

六、案例

HBO面临的环境不确定性

HBO（Home Box office）是美国历史最悠久、规模第二大的付费电视台。自20世纪90年代初以来，HBO一直在开发原创剧集。这比网飞和亚马逊的历史要长得多。

《权力的游戏》（Game of Thrones）、《黑道家族》（The Sopranos）和《西部世界》（West World）等 HBO 剧集获得了艾美奖或金球奖。该公司有 7 个 24 小时频道以及流媒体服务 HBO Now，在全球约有 1 亿用户。

听起来 HBO 发展得不错，是吧？然而如果从更深层次去看，HBO 所处的环境发生了很多变化。

在 2017 年的前 3 个月内，超过 100 万户家庭取消了有线电视订阅。这比专家预测的快了很多。预计到 2030 年，有线电视市场与卫星电视市场将缩水 26%，这将导致订阅付费电视节目的美国家庭下降至现有水平的 60%。

与此同时，全球范围内智能手机的使用量每年都在持续攀升。

此外，HBO 已成为美国电话电报公司－时代华纳家族（AT&T-Time Warner Family）的一部分。媒体和电信行业的其他公司，如康卡斯特（Comcast）和 20 世纪福克斯（20th Century Fox）也在讨论合并。与此同时，苹果已拨出 10 亿美元，参与流媒体原创内容业务的竞争。因此这些行业的竞争内容与过去大不相同。

负责 HBO 的美国电话电报公司高管约翰·斯坦基明确表示，公司将会有很多变化。斯坦基说："这将是艰难的一年。即使想稍微改变，也需要做很多工作。"在最近的一次会议上，斯坦基谈到了 HBO 增加订户数量和提供内容的数量的信息。这与 HBO 注重质量而非数量的做法不符。

该公司对质量的重视支撑公司走过了 20 年，1999—2017 年，HBO 一直获得最多的艾美奖提名。然后，在 2018 年，网飞以更多的艾美奖提名击败了 HBO。网飞剧集的绝对数量被认为是其登上榜首的原因。另外，HBO 在开发新内容上的费用只有网飞的 1/4~1/3。过去，HBO 的一些作品需要数年时间来开发，每集耗资数百万美元。

斯坦基希望 HBO 尝试新的方法，并在其流媒体服务 HBO Now 上添加其他类型的内容。他提出了对未来的展望，称流媒体公司将会减少。"我们面临的挑战是，如何在这个行业中生存，以及如何蓬勃发展。"

资料来源：斯蒂芬·罗宾斯，玛丽·库尔特.管理学：第 15 版.北京：中国人民大学出版社，2022.

思考题

1.根据所学知识，分析 HBO 面临的环境不确定性属于环境不确定性矩阵中的哪种类型？

2.HBO 外部环境的各组成部分对公司有什么影响？HBO 面临的具体环境是什么？

3.HBO 能做些什么来管理环境，并减少环境的不确定性？

4.在这个案例中描述的环境变化会导致 HBO 的组织文化发生怎样的变化？

案例思考题参考答案

1. HBO 面临的环境是复杂且动态的。案例中有三点体现了 HBO 面临的环境不确定性：

（1）当前有线电视市场与卫星电视市场急剧缩水。

（2）全球范围内智能手机的使用量每年都在攀升。

（3）行业竞争与过去大不同。由此可知，随着科学技术的发展及全球化趋势的不断加强，HBO 正面临复杂多变的外部环境，因此复杂且动态最能体现其所面临的环境不确定性。

2. HBO 的外部环境及其影响：

（1）社会文化环境，指社会的和文化的因素，如价值观、态度、趋势、文化传统、生活方式、信仰、品位以及行为模式等。随着人们生活方式的改变，使用有线和卫星电视的人越来越少，智能手机使用量则大幅攀升，这对 HBO 的经营与发展产生了重大影响。

（2）技术环境，指科技发明和工业创新。科技的发展使得人们可以通过更多的方式去休闲娱乐、观看剧集等，这对 HBO 的发展来说既是机遇也是挑战。

（3）全球化环境，包括各种与全球化和世界经济相关的事项。全球化趋势使人们可以接触世界各地的文化与剧集，是 HBO 未来发展必须考虑的重要外部环境因素。

HBO 的具体环境及其影响：

（1）顾客。顾客是企业的消费者和服务对象。组织的存在是为了满足顾客需求。对 HBO 来说，顾客就是其公司剧集的收看者。收看者对 HBO 的发展起着决定性作用，应将其作为关键的外部利益相关者看待。

（2）竞争对手。竞争对手是指在某一行业或领域中，拥有与组织相同或相似资源的个体（或团体），并且该个体（或团体）的目标与组织相同，其行为会给组织带来一定的影响。2018 年，网飞以更多的艾美奖提名击败了 HBO，因此 HBO 的最大竞争对手是网飞。网飞的存在是 HBO 发展面临的一个威胁，但也促使 HBO 主动发起变革。

3. HBO 可以采取以下措施来管理环境，并减少环境的不确定性：

（1）确定关键的外部支持者，并建立关系。对 HBO 未来发展而言，应将顾客作为关键外部支持者，适当改变当前重质量而不重数量的发展模式。

（2）内容革新。如在其流媒体服务 HBO Now 上添加其他类型的内容，坚持以优质的剧集内容吸引并留住观看者。

4. 本案例中描述的环境变化会导致 HBO 的组织文化从关注细节向结果导向转变。过去 HBO 的一些作品开发时间长，项目经费高昂。因此斯坦基希望 HBO 尝试新的发展模式，并在其流媒体服务 HBO Now 上添加其他类型的内容。换言之，过去 HBO 将质量放在首位，但未来会在重视质量的同时抓数量。综上所述，其组织文化正在由关注细节向结果导向转变。

第 5 章　　决　策

第一部分　知识点

一、关键知识点

1. 决策的定义
2. 决策的要素
3. 决策的功能
4. 决策的任务
5. 决策的类型
6. 决策的特征
7. 决策的原则
8. 决策的理论
9. 决策方法
10. 制定决策时的偏见和错误
11. 决策的风格
12. 决策过程
13. 决策的影响因素
14. 组织的内外部环境要素
15. 理性决策
16. 决策方式
17. 决策偏误

二、知识点精解

1. 决策

决策是指决策者识别并解决问题以及利用机会的过程。决策的本质就是选择。决策虽然不属于管理的职能，却贯穿管理的所有职能活动，对管理至关重要，诺贝尔奖获得者西蒙认为管理就是决策。

2. 决策过程

一个完整的决策过程一般包括以下六个阶段，但是并不是所有的决策都会经历以下六个阶段。

阶段1：识别问题。每一个决策都始于一个问题，问题即现有状况和预期状况之间的不一致。

阶段 2：诊断原因。

阶段 3：确定目标。

阶段 4：制订备选方案。

阶段 5：评价和选择方案。

阶段 6：实施和监督。

3. 决策方式

按照理性程度，决策方式一般分为理性决策、有限理性决策、循证管理决策、直觉决策四类。

理性决策中的理性意味着决策者试图最大化净收益，遵循边际收益等于边际成本的原则，在面临风险和不确定性的前提下，决策者采取能实现最优的收益和成本组合的行为。该决策的主要观点包括：决策是完全客观和符合逻辑的；问题是清晰、明确的；目标是定义清晰的；所有的备选方案及其后果都是已知的；做出的最后选择会使组织的收益最大化。

有限理性决策指决策虽然是理性的，但不是完全理性的，而是有限理性的，因为受限于个人的信息处理能力，无法分析所有备选方案的所有信息，因此，人们一般会选择满意解，而不是最优解。

循证管理决策是指使用循证管理时，决策者会根据可以获得的最佳证据来制定决策。

直觉决策指一种潜意识的决策过程，基于决策者的经验、感觉以及积累的判断力来制定决策，不依靠系统和详尽的问题分析。几乎一半的高管偏好直觉决策。

无论是理性决策还是有限理性决策，直觉决策都可以与之相辅相成。

4. 程序化决策和非程序化决策

程序化决策指使用例行方法做出的重复性决策。普通员工、基层管理者常做出程序化决策。通常情况下针对结构化问题使用程序化决策。结构化问题是指一目了然的、熟悉的、易定义的、重复出现的问题。例如一位顾客要求百货商场退货。

非程序化决策指独特的、非重复发生的、需要量身定制的决策。高层管理者常做出非程序化决策。非程序化决策一般针对开方式问题，即新的、不常发生的、信息模糊和不完整的问题。

很少有管理决策是完全程序化的或完全非程序化的，绝大多数管理决策处于这两者之间。

5. 决策方法

决策方法分为三种：

- 确定型决策方法，决策结果是已知且唯一的。
- 风险型决策方法，能够估计每一种备选方案的可能性，即期望值。
- 不确定型决策方法，每一种方案的结果未知且无法估计一个合理的概率。

6. 决策偏误

自负：当高估自己的知识水平和能力，或者对自己以及自己的表现持有一种不切实际的正面看法时，决策者就会表现出自负。

即时满足偏误：决策者往往追求即时回报并避免付出即时成本。对于某些决策者来说，能够快速获得收益的决策比能够带来长远利益的决策更有吸引力。

锚定效应偏误：决策者受最初获得的信息的影响。相对于后来获得的信息，最初的印象、观点、价格和估计在决策过程中被赋予了更大的权重，而这可能毫无理由。

选择性认知偏误：当基于自己有偏见的认知选择性地组织和解读某些事件时，决策者就会产生选择性认知偏误。

证实偏误：当决策者努力寻找那些能够证实其以往选择的信息，并忽视那些与其以往判断相左的信息时，证实偏误就会产生。

取景效应偏误：当决策者有重点地选择和强调某种情况的某些方面并摒弃其他方面时，取景效应偏误就会产生。

可获得性偏误：当决策者通常只记得最近发生的在他脑海中生动形象的事情时，就会产生可获得性偏误。

典型性偏误：当决策者根据某个事件与其他事件的相似程度来估计该事件发生的可能性时，就会产生典型性偏误。

随机性偏误：当决策者竭力从随机事件中归纳出意义时，就会产生随机性偏误。

沉没成本偏误：当决策者忘记现在的选择并且不能纠正过去的决策错误时，就会产生沉没成本偏误。

自利偏误：决策者把成功迅速归于自己名下而把失败归咎于外部因素时，他们就会出现自利偏误。

后见偏误：决策者的一种倾向，即一旦某个事件的结果已知，自己便盲目地认为原本可以准确地预测该事件的结果。

第二部分　习题与案例

一、填空题

1.决策的要素可分为_____和_____。

2.决策遵循的是_____，而不是最优原则。

3.决策的三大理论包括_____、_____、_____。

4.从决策涉及的问题看，可把决策分为_____、_____。

5.决策的两大风格包括_____、_____。

6.从组织层面看，决策能够为组织确立_____，从个体层面看，决策可以激发_____。

7.决策是一个过程，而且是一个_____的过程。

8._____是最常用的内外部环境综合分析技术，是由哈佛大学的安德鲁斯等提出的一种分析方法。

9.集体决策方法有_____、_____、_____。

填空题参考答案

1. 有形要素　无形要素

2. 满意原则

3. 行为决策理论　古典决策理论　回溯决策理论

4. 程序化决策　非程序化决策

5. 线性思维模式　非线性思维模式

6. 明确的方向　成员的积极性

7. 不断循环

8. SWOT 分析

9. 头脑风暴法　名义小组技术　德尔菲法

二、判断题

1. 根据环境可控程度，决策问题可以分为三种类型：确定型决策、风险型决策和直觉型决策。（　　　）

2. 非程序化决策旨在处理那些经常发生的或例外的结构化问题。（　　　）

3. 不确定性情境指决策中虽然对最终结果产生影响却不能直接由决策主体控制的部分。（　　　）

4. 决策过程通常包括识别问题、诊断原因、确定目标、制订备选方案、评价和选择方案、实施和监督六个阶段。（　　　）

5. 程序化决策是可以通过某种程序化的方法做出的一次性决策。（　　　）

6. 非线性思维模式的主要特征是偏好使用内在的信息来源（感觉和直觉）以及通过内在的洞察力、感觉和直觉来处理信息，以指导决策和行为。（　　　）

7. 内部环境是那些对组织影响最频繁、最直接的环境因素，也可以认为组织内部环境因素就是组织的一部分，直接影响组织的日常运营、生存和发展。（　　　）

8. 理性决策通常也称为科学决策，它假设管理者在决策时运用理性和逻辑，决策的目标是实现组织利益最大化。（　　　）

9. PEST 分析，就是指从政治与法律环境（P）、经济环境（E）、社会与文化环境（S）、技术环境（T）四个方面来分析影响组织发展的重要因素。（　　　）

10. 知识敏感型决策是指那些对时间要求极高而对质量要求低的决策。（　　　）

11. 过去的决策对目前决策的影响程度取决于现任决策者。（　　　）

12. 决策背景具有整体性、综合性和简单性的特点。（　　　）

13. 在集体决策中，如对问题的性质不完全了解且成员之间意见分歧严重，则可采用名义小组技术。（　　　）

14. 决策者是否重视伦理以及采用何种伦理标准会影响其对待行为或事物的态度，进而影响其决策。（　　　）

判断题参考答案

1. ×　2. ×　3. √　4. √　5. ×

6. √　7. √　8. √　9. √　10. ×

11. × 12. × 13. √ 14. √

三、选择题

1. 决策方法包括（   ）。

  A. 确定型决策方法   B. 不确定型决策方法

  C. 直觉型决策方法   D. 风险型决策方法

2. 以下方法中，（   ）属于常用的不确定型决策方法。

  A. 小中取大法 B. 线性规划法 C. 决策树法 D. 大中取大法

3. 决策构成的核心要素是（   ）。

  A. 决策主体 B. 组织目标 C. 决策方案 D. 决策制度

4. 组织内部的（   ）是指组织内部拥有的资源和资源。

  A. 技术环境 B. 经济环境 C. 文化环境 D. 物质环境

5. 在比较和选择活动方案时，如果决策结果不止一种，管理者不知道到底哪种决策结果会发生，但知道每种决策结果发生的概率，则须采取（   ）。

  A. 不确定型决策方法   B. 德尔菲法

  C. 风险型决策方法   D. 头脑风暴法

6. 决策过程的第一步是（   ）。

  A. 确定目标 B. 评价方案 C. 识别问题 D. 诊断原因

7. （   ）是组织获取外部投入的来源。

  A. 顾客 B. 供应商 C. 战略同盟伙伴 D. 管理机构

8. （   ）模型将决策者所出现的偏误归纳为一类，即直觉偏误。

  A. DHS 模型 B. SWOT 模型 C. BHS 模型 D. HS 分析模型

9. 美国著名政治学家和政策科学家林德布洛姆在批判理性决策模型的基础上提出了（   ）。

  A. 领导集体决策模型   B. 不确定性模型

  C. 渐进决策模型   D. 政策协调决策模型

10. 人的理性介于完全理性和完全非理性之间，即人是有限理性的，这是因为在高度不确定和极其复杂的现实决策环境中，人的知识、想象力和计算力是有限的。这是哪一决策理论？（   ）

  A. 古典决策理论   B. 满意型决策理论

  C. 回溯决策理论   D. 行为决策理论

11. 决策的特征有（   ）。

  A. 过程性 B. 可行性 C. 动态性 D. 目标性

  E. 创造性

12. 在不确定情境下，决策方案的四个基本准则是（   ）。

  A. 乐观准则 B. 等概率准则 C. 灵活性准则 D. 可行性准则

  E. 最小后悔准则

选择题参考答案

1. ABD   2. AD   3. A   4. D

5. C   6. C   7. B   8. C

9. C   10. D   11. ABCDE   12. ABDE

四、名词解释

1. 决策　　　　　2. 偏误
3. 古典决策理论　4. 线性思维模式
5. 德尔菲法　　　6. 决策树法
7. 追踪决策　　　8. 经营单位组合分析法
9. 循证管理　　　10. 理性决策

名词解释参考答案

1. 决策是指决策者识别并解决问题以及利用机会的过程。

2. 偏误是指人们以不正确或不充分的信息为根据而形成的对其他人或群体的片面甚至错误的看法与影响。

3. 古典决策理论又称规范决策理论，是基于"经济人"假设提出来的，盛行于20世纪50年代以前。古典决策理论认为，应该从经济的角度来看待决策问题，即决策的目的在于为组织获取最大的经济利益。

4. 线性思维模式的主要特征是偏好使用外部的数据和事实并通过理性的思考来处理这些信息，以指导自己的决策和行为。

5. 德菲尔法即函询调查法，将提出的问题和必要的背景材料，以背对背的通信方式向有经验的专家提出，然后把他们答复的意见进行综合，再反馈给他们，如此反复，直到认为已获得合理的意见为止。

6. 决策树法是用树状图来描述各种方案在不同情况（或自然状态）下的收益，据此计算每种方案的期望收益从而做出决策的方法。

7. 追踪决策是与初始决策相对的决策，是在初始决策的基础上对组织的活动方向、内容或方式的重新调整。

8. 经营单位组合分析法由波士顿咨询公司提出，其基本思想是，大部分企业都有两个以上的经营单位，每个经营单位都有相互区别的产品–市场组合，企业应该为每个经营单位确定其经营方向。

9. 循证管理是指将建立在最佳科学证据之上的科学管理原理转化为组织行为。

10. 理性决策中的理性意味着决策者试图最大化净收益，遵循边际收益等于边际成本的原则，在面临风险和不确定性的前提下，决策者采取能实现最优的收益和成本组合的行为。

五、论述题

1. 怎样做出有效的决策？
2. 按照理性程度，决策方式分为哪几类？

3.论述决策的过程。

4.论述决策的任务。

5.论述群体决策的优点。

6.论述决策的特征。

论述题参考答案

1.决策者可以通过以下方式做出有效的决策：理解文化差异；掌握退出时机；创建一个能够辨别突发状况并能迅速适应新环境的组织；使用一个有效的决策制定过程。一个有效的决策制定过程会：

（1）聚焦于重要事项；

（2）符合逻辑并始终一致；

（3）鼓励并指导相关信息和意见的收集；

（4）只要求获得摆脱特定困境所必需的信息和分析；

（5）承认主观思维和客观思维方式，并且融合分析型思维和直觉思维；

（6）是可靠的、灵活的、直截了当的和简单易行的。

2.第一，理性决策。该决策的主要观点：决策是完全客观和符合逻辑的；问题是清晰、明确的；目标是定义清晰的；所有的备选方案及其后果都是已知的；做出的最后选择会使组织的收益最大化。

第二，有限理性决策。决策者会制定理性的决策，理性程度受他们信息处理能力的限制。决策者会接受足够好的解决方案，也就是说，满足他们预定的标准或要求。当出现承诺升级现象时，决策者会增加对某项决策的承诺，即便他们有证据表明该决策可能是错误的。

第三，循证管理决策。使用循证管理时，决策者会根据可以获得的最佳证据来制定决策。

第四，直觉决策。基于决策者的经验、感觉以及积累的判断力来制定决策，不依靠系统和详尽的问题分析。

3.决策过程通常包括识别问题、诊断原因、确定目标、制订备选方案、评价和选择方案、实施和监督六个阶段。

（1）识别问题就是要找出现有状况与预期状况之间的不一致。识别问题是决策过程的开始，以后各个阶段的活动都将围绕识别出的问题展开。

（2）识别问题不是目的，关键还要根据各种现象推断问题产生的原因，这样才能考虑采取什么措施，选择哪种行动方案。

（3）找到问题及原因之后，应该分析问题的各个构成要素，明确各构成要素的相互关系并确定重点，以找到本次决策所要达到的目的，即确定目标。

（4）明确了解决问题要达到的目标后，决策者要找出约束条件下的多个备选方案，并对每个备选方案的潜在结果进行预测。

（5）决策者通常可以从以下三个方面来评价和选择方案：方案的可行性；方案的有效性；方案在组织中产生的结果。

（6）实施和监督比评价和选择方案更重要。决策工作不只是制订并选择最满意的方案，还要将其转化为实际行动，并制定出能够衡量其进展状况的监测指标。决策实际上是一个"决策—实施—再决策—再实施"连续不断的循环过程，贯穿于管理活动的始终。

4.第一，从外部环境视角看，决策的任务是让企业灵活适应外部环境的变化。企业总是在一定的环境中进行某种活动的，这个环境又在不断变化。这些变化不仅会影响企业原先目标实现的可能性，甚至会影响目标活动的继续进行。因此，需要构建有效的决策系统帮助决策者预测和明确这些变化，并对由此带来的机会和威胁做出反应。这种环境探测活动越有效、持续的时间越长，企业对外部环境的适应能力就越强。

第二，从内部视角看，决策的任务还包括调整和优化企业管理体系。如果一个企业只购买一种原材料，生产一种产品，并且市场对其产品的需求稳定，那么企业只需一个非常基本和简单的系统就能保持对生产经营活动的控制。但这样的企业在现实中几乎没有，大多数企业要选用多种原材料，制造多种产品，市场广阔，组织设计复杂并且竞争对手林立。它们需要复杂的决策系统来保证有效的管理。

5.群体决策具有以下优点：

第一，有利于集思广益，应对日益复杂的决策问题。

第二，能够凭借更多的知识优势，借助更多的信息，形成更多的可行性方案。

第三，使人们勇于承担风险。

第四，容易得到普遍的认同，有助于决策的顺利实施。

第五，不同背景、经验的成员在选择收集的信息、要解决问题的类型和解决问题的思路上往往有很大差异，他们的广泛参与使决策时考虑的问题更全面。

6.（1）目标性：任何决策都包含目标的确定，体现的是组织想要获得的结果。

（2）可行性：在决策过程中，决策者不仅要考虑采取某种行动的必要性，而且要注意实施条件的限制。

（3）动态性：决策的动态性与过程性有关。决策不仅是一个过程，而且是一个不断循环的过程。

（4）满意性：决策的原则是"满意"，而不是"最优"。

（5）过程性：组织中的决策并不是单项决策，而是一系列决策的综合；在这一系列决策中，每个决策本身就是一个过程。

（6）创造性：决策的关键是选择，没有选择就没有决策。而要能有所选择，就必须创造性地提出可以相互替代的多种方案。

六、案例

耐克的决策困境

耐克的首席执行官菲尔·奈特是靠开车沿街叫卖运动鞋起家的，如今，他的公司已经发展成为运动鞋行业的巨人。在20世纪八九十年代，耐克是全世界盈利能力最强的企业之一。篮球巨星乔丹的加盟，使耐克鞋迅速成为人们眼中高品质的时尚产品，风靡全美国，备受青少年的青睐。在外人看来，耐克看起来好像从未犯过错误，奈特所做的一切决策都促进了公司的成长，提高了公司的盈利。然而，就是这样一家声名显赫的公司，曾经几次面临两难的选择，差点走上了岔道。到底是什么原因使这家颇受赞赏的公司出现这种情况呢？

2000年以来，由于奈特的某些决策失误，耐克不仅错失了众多可能带来盈利的重要商业机会，而且未能对新出现的挑战与威胁做出恰当的反应。由于畅销品存货不足，过时产品严重积压，耐克的利润一直在下滑。除了对不断变化的顾客需求反应不够敏捷外，耐克还被指责一些代工厂的生产条件差、员工待遇低，是"血汗工厂"。而奈特没有理会这些指责，也没有检讨科技含量高的产品的研发路线。

耐克的诸多问题都来源于公司高层决策方面的失误。耐克的管理者过于倚重产品的内部开发。他们一味地强调所谓的"耐克人"的做事方法，决策视野开阔。而耐克的文化也妨碍了其设计师和管理者关注客户需求及外部环境的变化。

耐人寻味的是，菲尔·奈特也曾从公司外部聘用了一些高级管理人员。这些管理者带来了新观念并试图帮助耐克跟上时代的步伐。但是，这些人所倡导的做法经常遭到菲尔·奈特和其他管理者的否定，因为在后者看来，那些做法似乎不适合耐克的文化。例如，戈登·迈克法登曾被聘为耐克的户外产品总裁，他试图说服耐克的高层管理者收购北面公司（North Face Inc.)，以占领迅速发展中的户外用品市场。迈克法登认为，收购北面公司可使耐克一步跨入最大的户外运动用品生产商之列。菲尔·奈特最终还是否决了他的这个提案，因为耐克还不习惯靠收购其他公司来发展壮大。耐克的文化认为只有耐克的设计师们心里最明白如何去开发"适销对路"的产品。

耐克的文化倾向也导致了其设计师过分强调运动鞋的性能，而不重视正在流行的运动鞋的时尚或流行样式。这样，耐克的设计师就错过了抓住市场中某些变化的机会。例如，面对从白色运动鞋到适合都市生活的深色、多用途鞋的市场变化潮流，耐克的设计师依旧我行我素，还在强调性能至上。另外，耐克投入了过多的资源开发像 Shox 系列这样的高性能、高价位的鞋，每一双鞋售价高达140美元以上，而这是以牺牲60~90美元一双的中等价位运动鞋的生产为代价的，要知道，耐克有近一半的年收益来自这些中等价位运动鞋的销售。

虽然耐克的一些管理者也曾经参与改造该公司僵化的思维定式，以帮助公司做出与时俱进的决策，但他们的努力往往受挫。艾伦·特纳——金柯公司（Kinko's Inc.）的前高层管理者，后来受雇于耐克并担任首席营销官。她曾尽其所能，准备对耐克的营销和销售部门进行一次彻底的"检修"。不久她便发现，公司内部对她的改革行动支持甚少。六个月后她便辞职离开了耐克。看来随着市场环境条件的变化，耐克在迈克尔·乔丹时代行之有效的决策思路在今天未必适合了。

资料来源：王凤彬，李东. 管理学. 4版. 北京：中国人民大学出版社，2011.

思考题

1.导致耐克屡屡失误的根源是什么？

2.耐克应怎样才能避免决策失误？

3.在不断变化的环境中，管理者如何才能持续制定出良好的决策？

案例思考题参考答案

1. 失误的根源是耐克决策层的固执己见。曾经的成功蒙蔽了菲尔·奈特的双眼，使他没有做到顺应市场需求，出现了决策偏误。即过去企业成功的原因成了现在失败的根源。

2. 耐克需要及时调整航向，学会将自身"归零"，不断反思如下的五个问题（4W1H）。

我是谁（who）？即明确企业自身的定位，与其他同类企业相比有什么特点。

我要干什么（what）？企业必须有理想和追求，明确通过自身的努力要达到什么境界。

为什么是我（why）？任何企业要成功都要有充足的理由，自己有什么特长，优势从何而来。

我的市场在哪儿（where）？企业处于整个价值链上的哪个位置？企业给社会创造了什么独特的价值和贡献，对上下游企业来说能提供什么附加值，以哪个地方作为切入点最容易建立竞争优势。同时，还要注意判断市场存在哪些风险。

如何才能做到（how）？除了以上探讨的 4W 以外，更重要的是如何才能实现自己的目标，相对于想做什么来说，如何做到才是最难的，为此企业需要制订周密的计划，摒弃粗放式的经营管理模式。

3. 在一般情况下，在进行决策时，通常可以通过对现状进行调查，在收集相关信息之后，制定出可行的方案与建议，供相关方选择，再付诸行动，决策实施的过程中不断改进。然而，当面对快速变化和高度不确定的市场时，企业有可能无法正常收集到与决策相关的信息。在这种情况下，只能采用观察、判断、决策和行动的循环方法（OODA循环），实现快速纠错和快速循环。

OODA 循环的主要步骤如下：

第一，企业可以通过观察尽快地收集和分析已经隐现的事态发展的关键信息和迹象，并对事情的发展态势做出判断。

第二，企业需要根据过往经验，快速做出决定并行动，没有经验哪怕试错也可以，同时建立灵活的对决策结果进行监测和评估的方法。

第三，企业应快速根据结果监测，对行动进行纠错和调整。

要做到以上三点，还需要组织具有高效的决策机制、高效的组织动员能力和严明的纪律。

第6章　　计　划

第一部分　知识点

一、关键知识点

1. 计划的概念
2. 计划的内容
3. 计划的性质
4. 计划的类型
5. 计划编制的过程
6. 计划的实施方法
7. 业务流程再造
8. PDCA 循环
9. 预算管理
10. 战略管理的过程
11. 战略的定义
12. 企业战略的类型
13. 波特五力模型
14. 竞争战略的类型
15. 应对当今环境的重要组织战略
16. 计划的工具和技术

二、知识点精解

1. 计划

计划指定义组织的目标，制定战略以实现这些目标，以及制订方案以整合和协调工作活动。

计划是概述如何实现目标的文件，通常包括资源的配置、时间表以及实现目标所必需的其他行动。计划同时涉及结果（做什么）和手段（如何做）。

2. 计划的类型

按照宽度，计划可分为战略计划和业务计划。战略计划指适用于整个组织，设立组织的总体目标，明确组织在环境中的定位的计划。而业务计划指组织中某个特定运营领域的计划。战略计划的覆盖范围广泛，而业务计划的覆盖范围狭窄。高层管理者更多负责制订战略计划，基层管理者更多负责制订业务计划。

按照时间长短，计划可分为长期计划、中期计划和短期计划。长期计划指时间长度超过 3 年的计划。短期计划指为期 1 年或时间更短的计划。中期计划指时间长度在 1 年以上、3 年以下的计划。

按照内容的明确性，计划可分为具体性计划和指导性计划。具体性计划指定义清晰的，不再需要解读的计划。一个具体性计划会清晰、明确地阐述其目标，从而消除模糊性和误解。指导性计划指的是确定一般指导原则的弹性方案。它指出了重点，但并不让管理者局限于某些具体的目标或行动过程。

按照使用频率，计划可分为一次性计划和持续性计划。一次性计划是为满足某个特定情况的需要而特别设计的方案，只能使用一次，不能重复使用。持续性计划是为反复进行的活动提供指导的方案。持续性计划包括政策、规定和程序。

需要注意的是上述计划类型并不是彼此独立的。战略计划通常是长期的、指导性的、一次性的，而业务计划通常是短期的、具体的、持续的。

3. 目标管理

目标管理（MBO）是德鲁克提出的一种管理方法，指雇员与其上司共同确定具体的绩效目标，定期评估目标的进展情况，上司对取得的目标进展提供奖励。目标管理包括四个要素：确定目标、参与决策、明确期限、绩效反馈。典型的目标管理步骤包括：

第一步，制定组织的总体目标和战略。

第二步，在事业部与职能部门之间分解目标。

第三步，部门管理者与其下属单位的管理者共同确定他们的具体目标。

第四步，单位管理者与该单位全体成员共同设定每个人的具体目标。

第五步，在管理者与雇员之间就如何实现目标的具体行动计划达成协议。

第六步，实施行动计划。

第七步，定期检查目标的进展情况，并提供反馈。

第八步，目标的成功实现得益于积极的反馈和奖励机制。

4. 好目标的特征

好目标一般包括以下几个特征：以结果而不是以行为来表述的、可度量和量化的、具有清楚的时间框架、具有挑战性但是可达到的、书面的、与组织的有关成员沟通过的。

5. 标杆管理

标杆管理指的是探求那些给竞争对象或非竞争对象带来非凡绩效的最佳实践。标杆管理背后的基本思想是，管理者可以通过分析、复制不同领域的领先者所采用的方法来提高绩效。

6. 战略和战略管理

战略是组织如何经营、如何在竞争中获胜，以及如何吸引、满足顾客以实现组织目标的方案。而战略管理是管理者为制定组织战略而做的工作。

7. 战略层次

战略通常分为三个层次（见图 6-1）：企业战略（公司层战略）、竞争战略（业务层战略）、职能战略。企业战略主要用来确定企业的整体发展方向，企业应该及如何开展业务，每一个事业部应扮演的角色。竞争战略决定企业应该如何在每项事业上展开竞争。职能战略用于支持业务层战略，比如制造、营销、人力资源等部门制定的战略的实现。

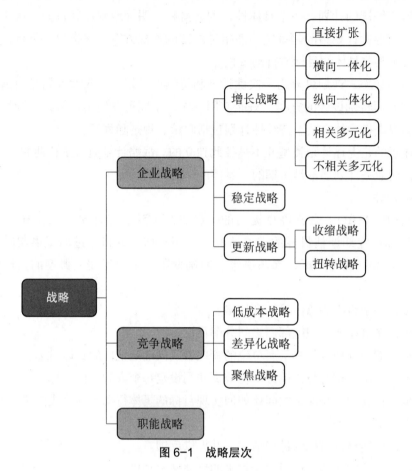

图 6-1　战略层次

高层管理者通常负责制定企业战略，中层管理者负责制定竞争战略，基层管理者负责制定职能战略。

8. 企业战略的类型

企业战略包括增长战略、稳定战略、更新战略三种。增长战略指企业通过现有业务或开发新业务来扩大它所服务的市场范围或增加产品数量。当企业处于快速发展时期，一般会采取增长战略。稳定战略指企业基本不进行重大变革，维持现有的市场份额和业务范围，通过提供相同的产品或服务继续服务于相同的顾客。如果采取这种战略，企业并不会成长，但也不会退步。当企业对绩效满意并且环境是稳定和安全的时候，适合采取稳定战略。更新战略主要用来解决绩效下滑的问题，如企业打算削减成本或重组。

9. 波士顿矩阵

波士顿（BCG）矩阵指对一个组织的不同业务进行评估和划分，以识别哪些业务具备高潜力，哪些业务在消耗组织的资源，从而明确资源分配决策的优先目标。根据市场份额和预期增长率可将组织的业务分为四类（见图6-2）：现金牛（收获现金的业务）、明星（需要大量投资，最终能演变为现金牛的业务）、问题（通过投资将其转换为明星业务或者需要直接出售的业务）、瘦狗（应该出售或清算的业务）。

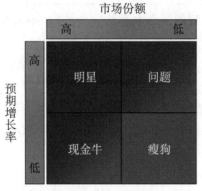

图 6-2 波士顿矩阵

10. 竞争战略的类型

竞争战略包括成本领先战略、差异化战略、聚焦战略三种。成本领先战略指尽一切可能来削减成本，以比竞争对手更低的成本生产产品，但产品或服务在质量上不低于竞争对手，实行成本领先战略的典型代表如沃尔玛。差异化战略指提供与众不同的产品，从而有别于竞争者，独树一帜。差异化的来源包括质量、服务、产品设计、品牌形象等。实行差异化战略的典型代表如苹果。聚焦战略指在狭窄的细分市场上寻求成本优势或差异化优势，该战略的可行性取决于细分市场的规模和企业能否支付聚焦战略所需的成本。

第二部分 习题与案例

一、填空题

1. 计划指定义组织的目标，确定战略以实现这些目标，以及制订方案以整合和协调工作活动。它同时涉及＿＿＿＿和＿＿＿＿。

2. 计划的类型按照时间长短划分为＿＿＿＿、＿＿＿＿和＿＿＿＿；

按照职能空间划分为＿＿＿＿、＿＿＿＿和＿＿＿＿；

按照综合性程度划分为＿＿＿＿和＿＿＿＿；

按照内容的明确性划分为＿＿＿＿和＿＿＿＿；

按照程序化程度划分为＿＿＿＿和＿＿＿＿。

3. ＿＿＿＿通常被称为首要的管理职能，因为它构成了＿＿＿＿、＿＿＿＿和＿＿＿＿的基础。

4. ＿＿＿＿是组织如何经营、如何在竞争中获胜，以及如何吸引、满足顾客以实现组织目标的方案。

5. 计划实施的方法主要有_____、_____、_____和_____等。

6. _____强调以业务流程为改造对象和中心，以关心客户的需求和满意度为目标，对现有业务流程进行根本的再思考和彻底的再设计。

7. PDCA 分别代表_____、_____、_____和_____四个基本阶段。

8. 在战略管理中经常用到的一个术语是_____，它指的是一家企业如何赚钱。

9. 企业战略的类型包括_____、_____、_____。

10. 在波特五力模型中，五种竞争力量共同决定了某个行业的吸引力和盈利能力，管理者可以运用_____、_____、_____、_____、_____来对此予以评估。

11. 波特的竞争战略包括_____、_____、_____。

12. _____指的是探求竞争对象或非竞争对象的那些给他们带来非凡绩效的最佳实践。

13. 当今的计划技术有_____、_____。

填空题参考答案

1. 结果　手段

2. 长期计划　中期计划　短期计划　业务计划　财务计划　人事计划　战略性计划　战术性计划　具体性计划　指导性计划　程序性计划　非程序性计划

3. 计划　组织　领导　控制

4. 战略

5. 目标管理　滚动计划法　网络计划技术　业务流程再造

6. 业务流程再造

7. 计划　实施　检查　改进

8. 商业模式

9. 成长战略　稳定战略　更新战略

10. 新进入者的威胁　替代品的威胁　购买者的谈判能力　供应商的谈判能力　现有的竞争者

11. 成本领先战略　差异化战略　聚焦战略

12. 标杆管理

13. 项目管理　脚本计划

二、判断题

1. 计划给组织提供了实现目标的明确道路，给组织、领导和控制等一系列管理工作奠定了基础。（　　）

2. 短期计划描述了组织在较长时期（通常为五年以上）的发展方向和方针。（　　）

3. 企业业务计划包括产品开发、物资采购、仓储后勤、生产作业以及销售促进等内容。（　　）

4. 人事计划与业务计划是为财务计划服务的，也是围绕财务计划而展开的。（　　）

5. 战术计划两个显著的特点是：长期性与整体性。（　　）

6. 西蒙把组织活动分为两类：一类是例行活动，另一类活动是非例行活动。（　　）

7. 计划的核心是决策。（　　　）

8. 计划为决策所确定的任务和目标提供一种合理的实现方法，表示名词意义上的计划内涵。（　　　）

9. 决策是对计划工作在时间和空间两个维度上的进一步的展开和细化。（　　　）

10. 计划的编制过程，既是组织落实决策的过程，又是检查和修订决策的过程。（　　　）

11. 计划和控制是一个问题的两个方面，计划越明确、全面和完整，控制的效果也就越好。（　　　）

12. 组织的政策都是抽象的、长期的指导方针。（　　　）

13. 政策是指在决策或处理问题时指导及沟通思想活动的方针和一般规定，政策必须保持灵活性和及时性。（　　　）

14. 没有计划，许多事情只能靠运气，风险就会增大；有了计划，资源将得到高效利用，最终能够节约资源。（　　　）

15. 盈亏平衡分析法不仅是一种决策技术，也是一种重要的计划方法。（　　　）

判断题参考答案

1. √　2. ×　3. √　4. ×　5. ×
6. √　7. √　8. ×　9. ×　10. √
11. √　12. ×　13. ×　14. √　15. √

三、选择题

1. 计划的性质包括（　　　）。
   A. 计划为实现组织目标服务
   B. 计划要追求效率
   C. 计划具有普遍性和秩序性
   D. 计划是管理活动的桥梁，是组织、领导和控制等管理活动的基础

2. 计划是（　　　）。
   A. 中层管理人员要做的工作　　　　B. 基层管理人员要做的工作
   C. 高层管理部门要做的工作　　　　D. 以上都不是

3. 在计划的表现形式中，（　　　）是一份用数字表示预期结果的报表。
   A. 程序　　　　B. 规则　　　　C. 使命　　　　D. 预算

4. 在计划的类型中，根据综合性程度可以将计划分为（　　　）。
   A. 长期计划　　　B. 战术性计划　　　C. 短期计划　　　D. 战略性计划

5. 在计划的类型中，根据内容的明确性可以将计划分为（　　　）。
   A. 具体性计划　　B. 非程序性计划　　C. 指导性计划　　D. 程序性计划

6. 将计划分为业务计划、财务计划和人事计划，这是根据计划的（　　　）分类的。
   A. 时间长短　　B. 程序化程度　　C. 综合性程度　　D. 职能空间

7. 在计划的类型中，涉及新产品开发的计划有（　　　）。
   A. 业务计划　　　B. 短期计划　　　C. 人事计划　　　D. 长期计划

8. 计划是（　　　）。

　　A. 面向未来的　　　　B. 面向行动的　　　　C. 现状的描述　　　　D. 过去的总结

9. 计划给组织提供了实现目标的明确道路，给（　　　）等一系列管理工作提供了基础。

　　A. 组织　　　　　　　B. 决策　　　　　　　C. 领导　　　　　　　D. 控制

10. 规则与政策的区别在于规则在运用中不具有（　　　）。

　　A. 酌情处理权　　　B. 指导思想　　　　　C. 指导行动　　　　　D. 统一命令权

11. 下列不属于长期计划的是（　　　）。

　　A. 某种新产品的开发

　　B. 对现有营销手段和网络的充分利用

　　C. 某种销售渠道的选择与建立

　　D. 对现有产品品种结构的改进

12. 美国作家迪斯提出迪斯忠告："昨天过去了，今天只做今天的事，明天的事暂时不管。"的确"昨天是失去的今天，明天是未来的今天"。据此，你认为以下说法正确的是（　　　）。

　　A. 在做计划时没有必要研究过去，因为过去的已经过去

　　B. 在做计划时过去和未来都很重要，都要精心研究

　　C. 在做计划时要认清现在，把握好现在

　　D. 在做计划时没有必要预测未来，因为未来难以预测

13. 计划活动的普遍性是指（　　　）。

　　A. 高层管理者制订的计划适用于组织的所有层次

　　B. 计划是全体管理人员的一项职能

　　C. 管理的所有职能中都包含着计划

　　D. 组织对所有活动都要进行精心的计划

14. 关于长期计划，你认为下述那种说法比较正确？（　　　）

　　A. 长期计划通常是三年以上的关于组织发展方向和方针的计划

　　B. 长期计划的核心是长期财务计划

　　C. 长期计划由一系列短期计划组合而成

　　D. 长期计划是一种阐述目标和策略的计划

15. 下列叙述正确的是（　　　）。

　　A. 计划是对组织内部不同部门和不同成员在一定时期内的行动任务的具体安排

　　B. 计划的编制过程既是组织落实决策的过程，又是检查和修订决策的过程

　　C. 决策是对组织活动方向、内容以及方式的选择

　　D. 决策是管理的核心，贯穿整个管理过程

选择题参考答案

1. ABCD　2. ABC　3. D　4. BD

5. AC　6. D　7. AD　8. AB

9. ACD　10. AB　11. CD　12. BC

13. BC　14. AD　15. ABCD

四、名词解释

1. 战略计划　　　　　2. 程序性计划

3. 目标　　　　　　　4. 预算

5. 目标管理　　　　　6. 滚动计划法

7. 业务流程再造　　　8. PDCA 循环

9. 零基预算法　　　　10. 战略管理

11. 商业模式　　　　　12. 战略业务单元

13. 聚焦战略　　　　　14. 标杆管理

15. 项目管理

名词解释参考答案

1. 战略计划指适用于整个组织，设立组织的总体目标，明确组织在环境中的定位的计划。

2. 程序性计划是为那些经常重复出现的任务或问题而按既定的程序制订的计划。

3. 目标是所期望的结果或对象。因为目标可以用来指导管理决策，并且构成衡量标准以测量工作结果，所以被认为是最根本的计划要素。企业必须首先知道期望的结果或对象，然后才能制订方案来实现它。

4. 预算是一份用数字表示预期结果的报表。预算通常是为规划服务的，但其本身也是一项规划。

5. 目标管理是以目标的设置和分解、目标的实施、完成情况的检查、奖惩为手段，通过员工的自我管理来实现企业的经营目的的一种管理方法。

6. 滚动计划法是根据计划的执行情况和环境变化情况定期修订未来的计划，并逐期向前推移，使短期计划、中期计划有机结合起来的方法。

7. 业务流程再造强调以业务流程为改造对象和中心，以关心客户的需求和满意度为目标，对现有业务流程进行根本的再思考和彻底的再设计，利用先进的制造技术、信息技术以及现代化的管理手段，最大限度地实现技术上的功能集成和管理上的职能集成，以打破传统的职能型组织结构，建立全新的过程型组织结构，从而实现企业经营在成本、质量、服务和速度等方面的巨大改善。整个实施体系由观念再造、流程再造、组织再造、试点与切换以及实现战略等五个关键阶段组成。

8. PDCA 循环又叫戴明环，是美国质量管理专家威廉·戴明博士提出的，已经成为当今管理实践中广为应用的科学程序。PDCA 分别代表计划（plan）、实施（do）、检查（check）和改进（action）四个基本阶段。

9. 零基预算法在每个预算年度开始时，把所有还在继续开展的活动都看作从零开始的，预算也就以零为基础，由预算人员在从头开始思想的指导下，重新安排各项活动及各个部门的资源分配和收支。

10. 战略管理是管理者为制定组织战略而做的工作。

11. 商业模式指的是一家企业如何赚钱。

12. 战略业务单元指当一个组织涉及几种不同的业务，而且每一种业务都彼此独立并具有自己的竞争战略时，这些不同的业务称为战略业务单元。

13. 聚焦战略致力于在某个狭窄的细分领域实现某种成本优势或差异化优势。

14. 标杆管理指的是探求那些给竞争对象或非竞争对象带来非凡绩效的最佳实践。

15. 项目管理指在项目活动中运用专门的知识、技能、工具和方法，使项目能够在有限的资源约束条件下，满足或超越项目有关各方对项目的需求与期望的过程。

五、论述题

1. 阐述计划的定义。

2. 论述计划与决策的区别与联系。

3. 论述计划具有哪些性质。

4. 论述计划的类型。

5. 论述计划编制的过程。

6. 论述评价计划时要考虑哪几点。

论述题参考答案

1. 计划指定义组织的目标，制定战略以实现这些目标，以及制订方案以整合和协调工作活动。

从动词意义上说，计划是指为了实现决策所确定的目标，预先进行的行动安排。内容包括：在时间和空间两个维度上进一步分解任务和目标，选择任务和目标的实现方式、进度安排、行动结果的检查与控制等。

从名词意义上说，计划是指以文字和指标等形式所表述的，组织以及组织内不同部门和不同成员在未来一定时期内，关于行动方向、内容和方式安排的管理文件。计划既是决策所确定的组织在未来一定时期内的行动目标和方式在时间和空间上的进一步展开，又是组织、领导、控制等管理活动的基础。

因此，计划为决策所确定的任务和目标提供了一种合理的实现方法。

2. 计划与决策是两个既相互区别又相互联系的概念。

计划与决策是相互区别的，因为这两项工作需要解决的问题不同。决策是关于组织活动方向、内容以及方式的选择。要从"管理的首要工作"这个意义上来把握决策的内涵。任何组织在任何时期必定会从事某种社会所需要的活动。在从事这种活动之前，组织当然必须首先对活动的方向和方式进行选择。计划则是对组织内部不同部门和不同成员在一定时期内行动任务的具体安排，它详细规定了不同部门和不同成员在该时期内从事活动的具体内容和要求。

计划与决策又是相互联系的，这是因为：

（1）决策是计划的前提，计划是决策的逻辑延续。决策为计划的任务安排提供了依据，计划则为决策所选择的目标活动的实施提供了组织保证。

（2）在实际工作中，决策与计划是相互渗透，有时甚至是不可分割地交织在一起的。决策制定过程中，不论是对内部能力优势或劣势的分析，还是在方案选择时对于各方案执行效果或要求的评价，都孕育着决策的实施计划。反过来，计划的制订过程，既是决策的组织落实过程，也是对决策的更为详细的检查和调整过程。无法落实的决策，或者决策过程中某些任务无法安排，必然导致对决策的调整。

3.计划为实现组织目标服务；计划具有普遍性和秩序性；计划是管理活动的桥梁，是组织、领导和控制等管理活动的基础；计划要追求效率。

4.（1）根据时间的长短，可以将计划分为长期计划、中期计划和短期计划。

（2）根据综合性程度，可以将计划分为战略性计划与战术性计划。

（3）根据职能空间，可以将计划分为业务计划、财务计划及人事计划。

（4）根据内容的明确性，可以将计划分为具体性计划和指导性计划。

（5）根据程序化程度，可以将计划分为程序性计划和非程序性计划。

5.（1）确定目标；

（2）认清现在；

（3）研究过去；

（4）预测并有效确定计划的重要前提条件；

（5）拟定和选择可行性行动计划；

（6）制订主要计划；

（7）制订派生计划；

（8）制定预算，用预算使计划数字化。

6.第一，要用总体效益的观点来评价计划。

第二，既要考虑每一个计划的许多有形的可以用数量表示的因素，又要考虑许多无形的不能用数量表示的因素。

第三，认真考察每一个计划的制约因素和隐患。

第四，要动态地考察计划的效果，不仅要考虑计划执行带来的利益，还要考虑计划执行带来的损失，特别要注意那些潜在的、间接的损失。

六、案例

YG 公司技术引进中的战略计划问题

YG 公司是 L 省的一家生产铝型材的公司。1991 年，该公司获得信息，彩色铝型材将成为我国铝型材的发展趋势，用这种彩色铝型材做大型公共建筑物内外的装饰，能取得很好的艺术效果。当时我国还没有一家企业能生产这种产品，YG 公司若能率先生产这种产品，未来市场前景向好。

1992 年，恰好 YG 公司获得了世界银行贷款，从意大利引进了国内第一条彩色铝型材自动生产线。这是当时世界上最先进的设备，整个生产过程自动化程度很高，只需要很少的工人即可操控整个生产过程。YG 公司在意大利技术员的指导下，于 1993 年把设备全部安装完毕，试车一次，全体员工兴高采烈。YG 公司开了庆功会，对有功人员进行嘉奖，并向省政府和中央有关单位报喜。意大利技术员认为他的任务已经完成，于庆功会后第二天即飞回意大利。

1994 年初该生产线刚正式投产，就发生了问题，机器才开动了半天就卡壳了，几位大学刚毕业的技术员费了九牛二虎之力也没有找出毛病在哪里。摊开图纸，因为都是意大利文，谁也看不太懂。迫不得已，公司再次把意大利技术员请回来。这位外籍技术员这里动一动、那里敲一敲，没用 2 小时，生产线又正常运转起来。这位外籍技术员认为这台设备质量是好的，关键是中国的技术员和工人还没有掌握操作技术。公司刘经理决定挽留意大利技术员在厂再工作一个月，专门对中国的技术员及工人进行培训。刘经理说："我们绝对不能再吃亏了。"但在意大利技术员培训结束时，彩色铝型材生产线仍不能正常运行，主要是公司的技术员和工人掌握不好轧制工艺及染色工艺，轧制出来的彩色铝型材厚薄与上色不均匀。意大利技术员临行前曾说过，这个手艺主要靠练习。于是生产线上的技术员及工人又花了一年时间进行实际操作训练，1995 年初，他们终于真正掌握了操作技术，这台设备可以正式投入运行了。

正当公司准备正式生产彩色铝型材时，国内已有 8 家企业在近两年的时间里先后生产出了彩色铝型材，其中最大的竞争对手已经占领了我国华东、华南及西南各省的市场，其他 7 家企业也已把国内市场瓜分完毕，因而 YG 公司的产品一直打不开市场。YG 公司的彩色铝型材生产线年生产能力达 7 000 吨，而 1995 年才出售 300 多吨。这种彩色铝型材的生产特点是批量愈小愈难组织，尤其是小批量、彩色品种更换频繁的，每换一种颜色，就要对上色设备彻底清洗一次，费时费事，生产成本亦随之提高。面对激烈的市场竞争，YG 公司陷入了困境。

针对上述情况，经刘经理与 YG 公司层领导多次研究，决定进一步成立两个厂及两个公司，即彩色铝门窗厂、彩色玻璃幕墙厂、装饰公司及土木建筑公司。其本意是如果这两个厂及两个公司生意较好，YG 公司生产的彩色铝型材就可在内部消化掉 1/2 至 2/3，这样彩色铝型材的销售就不成问题了。这两个厂及两个公司于 1997 年初成立。目前彩色铝门窗厂已建立了一条生产线，开业一年来，由于这一产品尚未被人们所认识，价格较贵，因此生意惨淡，没有利润。彩色玻璃幕墙厂也有一条生产线，并已正式投产，但听说建设部不久要发文，为防止反射光污染和热污染，今后大型公共建筑物要限制使用大型玻璃幕墙，因此该厂发展前景并不看好。而装饰公司和土木建筑公司遇到的竞争更加激烈，国有四路建筑装饰及土建大军，即中央部委一级及各省市一级的公司，有乡镇企业开办的公司，有中外合资的公司，我国的建筑及装饰的生产能力大大超过每年的建筑及装饰需求量，僧多粥少，竞争几近白热化。由此 YG 公司再度陷入了更大的困境之中。

资料来源：全国工商管理硕士教育指导委员会.2004 年 MBA 联考考试大纲及报考指南. 北京：机械工业出版社，2003.

思考题

1. 从引进设备到投入生产，YG 公司面临的具体问题有哪些？
2. 导致 YG 公司屡遭困境的主要原因是什么？
3. 假如你是 YG 公司聘请的战略咨询专家，请结合战略管理与目标管理为 YG 公司提出合理、可行的建议。

案例思考题参考答案

1.YG 公司面临的具体问题包括：（1）人力资源水平无法匹配市场需求：员工工作能力弱（刚大学毕业的技术员）；语言不通（看不懂意大利文）。（2）项目建设准备工作欠缺：缺少对市场的基本调研（公司准备正式生产彩色铝型材时，市场已有 8 家企业生产彩色铝型材，装饰公司和土建公司竞争激烈）；员工专业能力培训不及时（技术员及工人在设备购买一年后通过实操训练才能使设备正常运转）；忽视国家政策的指南针作用（大型玻璃幕墙与建设部的文件产生冲突）。（3）成本管理落实不到位（YG 公司 1995 年才出售 300 多吨，成本大大提高）。

2. YG 公司缺乏长远发展规划，没有清晰的发展战略和竞争战略。公司无法确定发展方向，从而缺少明确的计划指导行动，导致其迷失在竞争激烈的市场中，陷入了出现问题—解决问题—出现问题的恶性循环。

3. 首先，YG 公司要进行战略分析，了解公司所处的环境和相对的竞争地位。评价影响公司目前和今后发展的关键因素，并确定这些因素在战略选择过程中的具体影响，包括确定公司的使命和目标、分析公司的内外部环境等。

其次，制订战略选择方案。可准备多套备选方案，从公司整体目标的保障、中层管理者积极性的发挥以及公司各部门战略方案的协调等多个角度考虑。随后，通过评估，明确 YG 公司的总体战略，设立愿景目标并对实现目标的轨迹进行总体性、指导性、长远性、稳定性、竞争性、系统性和风险性谋划。

再次，根据市场格局确定 YG 公司更具体的竞争战略。考虑 YG 公司的现实情况，建议使用差异化、专一化或追随者战略，突出自身优势、明确定位，抢占市场。进而，制定战略措施，细分到各职能部门，明确 YG 公司从管理层到基层员工的具体目标与计划，并开展具体行动。在此过程中，要合理分配资源，适当调整组织架构，完善利益分配，推进公司文化管理以确保战略的成功实施。

最后，进行战略评价与调整。根据公司的发展变化，参照实际的经营事实、变化的经营环境以及全新的商业思维和商业机会等，及时审视战略的科学性和有效性，对既定战略进行调整，以保证战略对公司经营管理指导的有效性。

在此过程中，YG 公司还可以通过战略管理工具来帮助管理者更好地制定公司战略。常见的战略管理工具有：波士顿矩阵、PEST 分析法、SWOT 分析法、波特五力模型、平衡计分卡等。

第 7 章

组织设计

第一部分 知识点

一、关键知识点

1. 组织的定义

2. 组织结构的定义

3. 组织结构的含义

4. 组织结构的形式

5. 组织结构的演变趋势

6. 组织的基本结构形态

7. 组织设计的影响因素

8. 组织设计的原则

9. 部门化的定义

10. 矩阵组织的定义

11. 集权和分权的定义

12. 组织整合的定义

13. 技术及其变化对组织设计的影响

14. 战略对组织设计的影响

15. 企业发展阶段对组织设计的影响

16. 组织发展五阶段理论

17. 规模对组织设计的影响

二、知识点精解

1. 组织和组织结构

组织是指安排和设计工作任务以实现组织目标的社会实体。组织结构是指组织正式的框架体系，它可以对任务进行分解、组合与协调。

2. 组织设计

组织设计是指确立或改变组织结构的过程，涉及六个关键要素：工作专门化、部门化、指挥链、管理跨度、集权与分权、正规化。

工作专门化也称劳动分工，指把工作活动划分为各项单独的工作任务。员工"专攻"一项工作活动的某个部分而不是整个工作活动，以提高工作产出。

部门化指将若干岗位组合在一起，如按照职能、地区、产品、过程、顾客等组合工作岗位。如今顾客部门化得到普遍使用。

指挥链指从顶层到底层的职权体系。职权即某个管理职位所固有的发布命令和希望命令得到执行的权力。

管理跨度指管理者能够有效率、有效果地管理的员工数量。管理跨度与绩效并非简单的直线关系，研究表明两者呈倒 U 型关系，即随着管理跨度的增大，组织绩效先是提升，当提升到一定程度后，随着管理跨度的继续增大，组织绩效会下降。

集权指决策权力集中在高管。分权指基层人员可以介入决策过程。

正规化是一个组织中各项工作的标准化程度以及员工行为受规则和程序指导的程度。高度正规化意味着组织有明确的职位说明和程序，员工的自由裁量权小。

3. 部门化的类型以及优缺点

部门化的类型包括职能部门化、地区部门化、产品部门化、过程部门化、顾客部门化，各自的优缺点见表7-1。

表7-1　部门化的类型及优缺点

类型	定义	优点	缺点
职能部门化	根据职能来组合工作岗位	● 把有相似的专业背景及拥有相同技能、知识和定位的人员组合到一起可以提高效率 ● 使职能部门内部具有协调性，获得高水平的专门化	● 不同职能部门间沟通不畅 ● 对组织整体目标的认识有限
地区部门化	根据地理区域来组合工作岗位	● 更加有效率、有效果地处理特定区域内的事项 ● 更好地满足区域市场的独特需要	● 重复设置职能 ● 可能会觉得与其他区域彼此隔离
产品部门化	根据产品线来组合工作岗位	● 促进特定产品和服务的专门化 ● 管理者能够成为他们所在行业的专家 ● 更贴近顾客	● 重复设置职能 ● 对组织整体目标的认识有限
过程部门化	根据产品或顾客的流动来组合工作岗位	● 促进工作更高效地展开	● 只适用于某些特定类型的产品
顾客部门化	根据顾客独特的需求来组合工作岗位	● 可以由本组织的专业人员来妥善处理顾客的需求和问题	● 重复设置职能 ● 对组织整体目标的认识有限

4. 影响集权与分权程度的因素

影响一个组织集权与分权程度的因素如表 7-2 所示。

表7-2　集权与分权程度的影响因素

集权或分权程度	影响因素
集权	● 环境稳定 ● 基层管理者不具有做出决策的能力或经验 ● 基层管理者不愿意介入决策过程 ● 决策的影响大 ● 组织正面临危机或失败的风险 ● 组织规模大 ● 组织战略的有效执行依赖于高层管理者对所发生的事件拥有的发言权
分权	● 环境复杂且不确定 ● 基层管理者拥有做出决策的能力和经验 ● 基层管理者要求参与决策过程 ● 决策的影响相对小 ● 组织文化容许基层管理者对所发生的事有发言权 ● 组织各部门在地域上相当分散 ● 组织战略的有效执行依赖于基层管理者的参与以及决策的灵活性

5. 机械式组织结构和有机式组织结构

组织结构的两种最基本的形式是机械式组织结构和有机式组织结构，两种组织结构的比较见表 7-3。

表7-3　机械式组织结构和有机式组织结构的比较

组织结构	定义	特点
机械式组织结构	机械式组织结构是结构的六种要素相互结合的自然结果，是一种僵化的和受到严密控制的组织设计	高度的专门化 严格的部门化 清晰的指挥链 较窄的管理跨度 集权化 较高程度的正规化
有机式组织结构	有机式组织结构是一种具有高度适应性的组织形式，其松散和灵活的程度对应着机械式组织结构僵硬和稳定的程度	跨职能团队 跨层级团队 信息的自由流动 较宽的管理跨度 分权化 较低程度的正规化

6. 传统的组织设计

传统的组织设计的定义及优缺点见表 7-4。

表7-4　传统的组织设计的定义及优缺点

组织结构	定义	优点	缺点
简单结构	一种部门化程度低、管理跨度大、权力主要集中于某一个人、正规化程度极低的组织设计	快速，灵活，运行成本低，责任明确	不适用于成长期的组织，存在过于依赖个人的风险
职能型组织结构	把从事相似或相关职业的专业人员组合在一起的组织设计	● 专门化带来效率和成本优势 ● 任务的相似性有助于提高凝聚力	● 局部利益妨碍全局利益的实现 ● 职能分隔，不了解其他部门的工作
事业部型组织结构	是一种由相对独立的事业部组成的组织结构。每个事业部拥有较大的自主权。公司总部扮演外部监管者的角色，协调和控制各事业部的活动，提供财务和法律等方面的支持性服务	强调结果（事业部对特定产品或服务负责）	资源重复配置，成本上升

7. 当前的组织设计

当前组织设计的定义及优缺点见表 7-5。

表7-5　当前组织设计的定义及优缺点

组织结构	定义	优点	缺点
团队型组织结构	整个组织由工作小组或工作团队组成，各工作小组或工作团队完成各自工作任务的一种组织结构。员工授权至关重要。团队需要为自己的工作绩效承担责任	● 员工参与和员工授权的程度更高 ● 组织内各职能领域之间的壁垒或障碍更少	● 没有清晰的指挥链 ● 工作小组或工作团队承受较大的绩效压力
矩阵型组织结构	分派来自不同职能领域的专业人员从事各种工作项目，而每个工作项目则由一名项目经理领导。在横向的职能部门上叠加了纵向的项目团队，员工完成项目后返回所在的职能部门	● 拥有流畅的、灵活的组织设计，从而能够快速应对外部环境的变化 ● 更快速地做出决策	● 双重指挥链

续表

组织结构	定义	优点	缺点
无边界组织结构	不被预先设定的横向、纵向或外部边界限制的一种组织。如打破组织内部门之间的边界，打破组织与顾客、供应商之间的边界等	拥有极高的灵活性和快速的应对能力	● 缺乏控制 ● 沟通困难
学习型组织结构	培养具有持续学习、变革和适应能力的组织。学习型组织结构的特征包括：信息共享、组织环境有利于开放式的交流、团队的工作方式、领导促成组织共同愿景的达成、组织文化支持	实现整个组织范围内的知识共享	由于担心失去优势，有些员工可能不愿意共享知识

8. 灵活工作安排

灵活工作安排包括远程办公、压缩工作周、弹性工作时间、工作分享。

远程办公是一种允许员工在家办公并通过电脑与公司交流的工作安排。

压缩工作周是指员工在一个工作周中每天工作更长时间但只工作较少的天数。

弹性工作时间要求员工每周必须完成固定数量的工时但可以在特定的限制范围内自由改变具体工作时间的工作排班体系。

工作分享是指让两人或者更多人从事一份全职工作。

第二部分 习题与案例

一、填空题

1. 组织必须包含三个要素：_____、_____、_____。

2. 组织结构具有三个特征：_____、_____、_____。

3. _____和_____是按工作过程的标准来划分的组织的部门。

4. 具有集中决策、分散经营特点的组织类型是_____。

5. 在组织的纵向设计中要确定_____和有效的_____。

6. 某个职位或者部门所拥有的包括做出决策、发布命令的权利属于_____。

7. 组织成长阶段理论指出，最适合组织合作发展阶段的组织结构为_____。

8. 影响管理跨度的因素有：管理者与下属的能力、组织沟通的类型及方法、_____、组织的稳定性、_____。

9. 组织结构中分权程度最高的是_____。

10. 把按职能划分的部门与按产品划分的小组结合成的一种纵横交错的组织形式是_____。

填空题参考答案

1. 明确的目标　协作的意愿　良好的沟通

2. 复杂性　规范性　集权性

3. 职能部门化　过程部门化

4. 事业部型组织结构

5. 层级数目　管理跨度

6. 直线职权

7. 矩阵型组织结构

8. 授权　计划

9. 事业部型组织结构

10. 矩阵型组织结构

二、判断题

1. 分工越细、专业化程度越高，企业的效率也就越高。（　　）

2. 事业部型组织结构能够增强组织对市场的适应能力和灵活性。（　　）

3. 矩阵型组织结构结合了职能部门化和产品部门化的特点。（　　）

4. 组织中的帮派就是一种非正式组织。（　　）

5. 授权不同于参与，参与指的是决策权利共享，而授权是由下属自己做出决策。（　　）

6. 矩阵制组织结构适用于大批量稳定生产型企业。（　　）

7. 某些特殊的组织可以用单一的标准来设计管理。（　　）

8. 职能型组织结构由各部门只负责一种类型的业务活动，因此有利于工作人员的培训、相互交流，从而提高其技术水平。（　　）

判断题参考答案

1. ×　2. √　3. √　4. ×　5. √

6. ×　7. ×　8. √

三、选择题

1. 从组织结构的含义可以看出，组织结构的本质是（　　）。

　　A. 员工的分工与合作的关系　　　　B. 职务设计

　　C. 部门划分和层级设计　　　　　　D. 权责利的关系

2. 组织设计的任务是（　　）。

　　A. 权力分配　　　　　　　　　　　B. 编制职位说明书

　　C. 提供组织结构系统图　　　　　　D. 任务分配

3. 有效率但是无效能的组织，用一句话来形容就是（　　）。

A. 把错事干糟的组织　　　　　　　B. 把对事干好的组织

C. 把对事干糟的组织　　　　　　　D. 把错事干好的组织

4. 组织设计涉及的工作内容包括（　　　）。

A. 横向的管理部门设计　　　　　　B. 管理跨度的设计

C. 职能与职务的设计　　　　　　　D. 纵向的管理层级设计

5. 在下列组织结构中，哪些可以反映出管理专业化分工？（　　　）

A. 职能型组织结构　　　　　　　　B. 矩阵型组织结构

C. 事业部制型结构　　　　　　　　D. 直线 – 职能型组织结构

6. 组织设计的原则有（　　　）。

A. 柔性经济原则　　　　　　　　　B. 统一领导原则

C. 适当控制原则　　　　　　　　　D. 权责对等原则

7. 以市场组合方式替代传统的纵向层级组织而发展起来的一种临时性组织是（　　　）。

A. 矩阵　　　　　　　　　　　　　B. 动态网络型组织结构

C. 事业部　　　　　　　　　　　　D. 流程部门化

8. 若组织需要满足不同文化和传统的顾客的特殊需求，组织设计应（　　　）。

A. 建立事业部　　　　　　　　　　B. 职能部门化

C. 将产品与区域相结合　　　　　　D. 建立地域式组织

9. 对于管理者来讲，授权的直接原因在于（　　　）。

A. 使更多人参与管理工作　　　　　B. 减少管理者自己的工作负担

C. 让管理者有时间做更重要的工作　D. 充分发挥骨干员工的积极性

10. 美国管理学家帕金森说过一句幽默而富有讽刺意味的话："某个组织的办公大楼设计得越完美，装饰得越豪华，该组织离解体的时间越近。"产生这种现象，说明组织已经处于（　　　）。

A. 创业时期　　B. 衰退时期　　C. 成熟后期　　D. 成长时期

11. 伴随企业规模的扩大，规范的组织结构设计是保证企业管理有效地服务于企业经营目标的前提，而管理层次存在的主要原因是（　　　）。

A. 可使组织更加灵活地适应环境因素的变化

B. 有利于沟通联络

C. 管理艺术性的要求

D. 管理跨度的存在

12. 组织设计是在（　　　）的基础上进行横向的管理部门设计和纵向的管理层级设计。

A. 权利分配　　B. 劳动分工　　C. 工作任务　　D. 职务设计

13. 在品种单一、规模较小的企业，按（　　　）进行组织分工是理想的部门划分形式。

A. 顾客　　　　B. 地域　　　　C. 职能　　　　D. 产品

14. 组织层级受到（　　　）的影响。

A. 组织规模　　　B. 组织幅度　　　　　C. 组织任务　　　　　D. 组织权力

选择题参考答案

1. A　2. BC　3. A　4. AD

5. ABD　6. AD　7. B　8. C

9. C　10. C　11. D　12. D

13. C　14. AB

四、名词解释

1. 组织设计的实质　　　2. 区域部门化

3. 职责　　　4. 正规化

5. 组织整合

名词解释参考答案

1. 组织设计的实质是通过对管理劳动的分工，将不同的管理人员安排在不同的管理岗位和部门中，通过他们在特定环境、特定相互关系中的管理工作来使整个管理系统有机地运转起来。

2. 区域部门化是根据地理因素来设立部门，把不同地区的经营业务和职责划分给不同部门的经理。

3. 当管理者利用自己的职权向员工分配工作时，这些员工就承担了履行指定工作任务的义务。这种履行任务的义务或者期望就称为职责。

4. 正规化指一个组织中各项工作的标准化程度以及员工行为受规则和程序指导的程度。

5. 组织整合指按照组织目标的要求，对组织内部的各部门、机构、人员的活动进行安排，使组织成为一个有机整体的过程。组织整合包括正式组织的整合与非正式组织的整合。

五、论述题

1. 一个组织的结构是否能够迅速改变？给出理由。

2. 描述传统的组织设计。

3. 论述组织分权的两个主要途径及其区别。

4. 影响授权的有效性因素有哪些？

论述题参考答案

1. 组织结构的改变速度取决于它的规模。一个小组织的结构改变可以比一个大组织快得多，而大组织也会随着环境和战略的变化而相应地调整其组织结构。企业处于不同的发展阶段，组织结构的改变速度也不同。由于组织结构的本质是员工的分工与合作的关系，因此组织结构的改变需要时间来慢慢安排和调整。

2. 传统的组织设计包括简单结构、职能型组织结构和事业部型组织结构。它们都是倾向于更机械式的组织结构。简单结构是一种部门化程度低、管理跨度大、权力主要集中于某一个人、正规化程度极低的组织设计。职能型组织结构是一种把从事相似或相关职业的专业人员组合在一起的组织设计。事业部型组织结构指按照所经营的事业（如产品、顾客、地区）等来划分部门。

3. 组织分权可以通过两个途径来实现：制度分权（即组织设计时的权力分配）与授权。制度分权，是在组织设计时，考虑到组织规模和组织活动的特征，在工作分析、职务和部门设计的基础上，根据各管理岗位工作任务的要求，规定必要的职责和权限。而授权则是担任一定管理职务的管理者在实际工作中，为充分利用专门人才的知识和技能，或出现新增业务的情况下，将部分解决问题、处理新增业务的权力委任给某个或某些下属。

制度分权与授权的含义不同，决定了它们具有下述区别：

第一，分配给某个管理职位的权力，如果调整，不仅影响该职位或部门，而且会影响与组织其他部门的关系。因此，制度分权是相对稳定的。除非整个组织结构重新调整，否则制度分权不会收回。相反，由于授权是某个管理者将自己所拥有的权限因某项具体工作的需要而委任给某个下属，这种委任可以是长期的，也可以是临时的。长期的授权可能制度化，在组织结构调整时成为制度分权，但授权并不意味着放弃权力。

第二，制度分权是将权力分配给某个职位，因此，权力的性质、应用范围和程度的确定，需符合组织的要求。而授权是将权力委任给某个下属，因此，委任何种权力、委任后应作何种控制，不仅要考虑工作的要求，而且要考虑下属的工作能力。

第三，制度分权是在详细分析、认真论证的基础上进行的，因此具有必然性。而工作中的授权则往往与管理者个人的能力和精力、下属的特长、业务发展情况相联系，因此具有很大的随机性。

第四，制度分权是一条组织设计工作的原则，以及在此原则指导下的组织设计中的纵向分工。而授权则主要是领导者在管理工作中的一种领导艺术，一种调动下属积极性和充分发挥下属作用的方法。

另外，作为分权的两种途径，制度分权与授权是互相补充的，组织设计时难以详细规定每项职权的运用，难以预料每个管理岗位上工作人员的能力，同时也难以预测每个管理部门可能出现的新问题，因此，需要各层次管理者在工作中的授权来补充。

4. 第一，信息的共享程度。得到授权后，接受方需要在允许的范围内做决策，需要相关信息的支撑。如果管理者仅仅将部分职权授予对方，而不提供充分的新信息，下属可能无所适从。因此，信息共享程度会对授权的有效性产生重要影响。

第二，授权内容。要想发挥组织成员的积极性、主动性和创造性，组织就要进行充分授权。授权内容应当适中，如果授权内容过多，可能影响上级管理者的权威；授权内容过少，不仅不利于下属积极性的发挥，而且不能减轻管理者的负担。

第三，隐含的奖励。有效授权的另一个影响因素是授权过程中隐含的奖励，包括物质层面和精神层面的奖励。接受方在享有权力、承担责任的同时，需要物质上和精神上的褒奖。有时领导的口头表扬就能起到激励作用，但这一点在现实中往往被忽视。

第四，接受方的条件。接受方需要具备一定的条件，比如与授权内容相关的知识、能力、经验和责任心等，这样才能高效地完成任务。因此接受方的条件会影响授权的范围与效果。

第五，授权者的主观态度。授权者是授权的起点，其态度对能否进行有效授权具有决定性影响。这种态度包括权力观、授权意愿、责任心等。

六、案例

××银行信息科技项目管理模式的困境

2004—2005 年，××银行通过流程再造引进了国际先进的数字化信贷管理系统和资金管理系统，启动了新一代核心银行系统建设工作（以下简称"新核心系统"），完成了总分行之间骨干通信网络建设和分支行网络改造等工程。但自从全面启动新核心系统后，负责系统开发的业务骨干的工作开始变得磕磕碰碰，问题接踵而来。要弄清楚问题的起源，要从××银行的组织机构和项目管理流程说起。

××银行信息科技项目主要由总行下设的信息科技部负责，信息科技部下设规划室、开发一室、开发二室、资源与配置室、网络运营室等分管信息科技项目。但由于××银行新核心系统的引进，总行增设了大集中项目开发办公室，主要负责与新核心系统相关的信息科技项目，大集中项目开发办公室下设业务需求组、集成组、PMO（project management organization）、核心组、推进组、测试组、质量组等。

首先，从管理职能上来说，大集中项目开发办公室是针对新核心系统而成立的项目式组织结构，项目团队成员也多来自信息科技部，为兼职形式。但随着新核心系统建设的深入，对人力资源的需求不断增加，××银行不得不扩编人员，使得信息科技部与大集中项目开发办公室在人员配置、机构设置以及职能设置上大量重叠，直接导致了在日常的经营管理中两个部门在人员调度、职责分工、资源分配等方面产生摩擦。

其次，××银行的信息科技项目的管理流程过于烦琐，包括立项、商务、实施、上线等四个主要过程下的十几个业务流程。尤其是设立大集中项目开发办公室后，其参与了立项管理、商务管理、实施、上线管理等一系列过程，由于职能部门更迭、新旧制度并存、项目目标要求紧迫，××银行信息科技项目职责不清、成本控制差、执行能力弱等问题暴露无遗。

另外，当进行到多系统对接阶段，大量新业务需求（CR）的出现使其信息技术项目呈现出多项目并行的特点。项目工期要求严格，单个项目涉及多个系统，目前的做法是需求牵头部门提出需求后，大集中项目开发办公室与信息科技部做出反应，与需求牵头部门共同进行需求分析、技术评审以确定是否可以立项，而后续的开发、测试工作则完全由项目组负责，不再进行统筹安排，非常容易造成不同项目之间的资源冲突。

再次，××银行为了保障新核心系统的顺利上线，强调各 CR 的上线时间和功能，不计成本、不在乎项目管理的规范性，在项目管理过程中基本没有进行工作结构分解（WBS），使得无法跟踪和控制单个项目的进度、成本。在成本管理方面，信息科技项目开发合同与具体项目没有对应关系，出现一个 CR 多个合同或一个合同涉及多个 CR 的现象，使得合同付款与项目开发进度无法准确对接，带来付款风险。

最后，项目管理责任部门缺乏积极性。××银行的所有信息科技项目都是由信息科技部与供应商签订合同，责任承担部门也都是信息科技部，同时也导致了项目风险的过度集中。需求牵头部门作为项目的提出单位和受益单位却不承担项目的费用，只负责对项目的监督和考核。而银行没有专设其他对信息科技项目进行监督和考核的部门，因此信息科技项目的效率高低随机性较大。

面对重重困难，××银行信息科技部的总经理陷入了沉思：有没有合适的管理模式，能够帮助企业走出困境呢？

资料来源：王瑞华，贾晓菁，王玉霞. 中国工商管理案例精选：第四辑. 北京：中国财政经济出版社，2014.

思考题

1. ××银行的信息科技项目管理与一般项目管理相比有何不同？为什么一般的项目组织结构不适用于××银行的信息科技项目？

2. 如果你是××银行信息科技部的总经理，你将设计采用什么样的信息科技项目管理模式？说明原因。

案例思考题参考答案

1. 不同：（1）信息科技项目概念新、技术新、更新换代快，各环节的难度和不确定性大大提高。面对思想、技术、人才预备不足的挑战，企业的信息科技项目往往会遭遇系统选型、系统升级等方面的困扰。（2）信息科技项目是创新工程，虚拟性强。因此，信息科技项目管理更加柔性化、更依靠已有的管理基础，对项目实施团队的经验要求很高。（3）信息科技工程是与人打交道的工程。不仅涉及操作人员、工作人员，更涉及企业管理层和决策层的各级管理人员和领导干部。由此，信息科技项目实施引起的矛盾、冲突和阻力要远远大于一般管理项目。（4）信息科技项目实施过程复杂。每个信息科技项目都要经历立项、招标、实施、验收、运行维护和再提升的过程。各项目之间还需要根据规律和数据关系，统一标准、有序推进，实现整体集成。（5）信息系统建设特别需要沟通协调。应用类信息系统建设需要多个单位、多个部门、多种角色之间开展协同工作，需要业务人员和信息技术人员在项目内紧密合作。（6）信息系统建设项目不是交钥匙工程。信息科技项目需要各级业务人员积极参与、联合建设。

案例中，××银行实际采用了弱矩阵的组织结构，职能部门的权力过大，导致项目管理功能的缺失，进而管理效率低下、矛盾频发，项目无法实现预期的绩效。综上，科技信息项目的特点决定了职能型、矩阵型组织结构都无法较好地适应项目要求。

2. 应根据公司特点，可采用职能型与事业部型混合的组织结构。将信息科技部和新核心办公室进行部门整合，形成相对独立的信息科技项目管理部门，成立以项目经理协调进度、工期为主要职能的项目管理办公室（PMO），并在具体项目实施时采用排期排序的项目管理模式。

横向组织结构：每个信息科技项目从提出需求到上线实施分为五个阶段，分别为立项决策、立项准备、系统开发、系统测试、上线推广阶段。从项目需求分析开始成立项目团队，并由 PMO 统一归口管理。项目团队中，由需求牵头部门人员任项目经理、信息科技部门人员任项目副经理，根据项目发展阶段的需要由不同部门的人员参与项目团队。需求牵头部门委派的项目经理，负责项目的整体控制和协调；信息科技部门委任的项目副经理，主要负责项目开发和测试过程中的技术指导与监督。

纵向组织结构：依据管理、开发和运维相分离的原则，将 ×× 银行的信息科技项目组织机构设置在主管科技工作的领导下，设立信息科技部、软件开发中心、运营维护中心三个相互独立的中心部门。

这种设计模式结合了二者的优点，如减少资源浪费，提高工作效率，明确责权，提高员工积极性等的同时，又弥补了各自的劣势，增加各部门之间的交流与协调，弱化业务冲突，引导员工以核心业务与企业利益为主。

第 8 章　　人力资源管理

第一部分 知识点

一、关键知识点

1. 人力资源管理

2. 高绩效 HR 实践

3. 人员培训

4. 人力资源规划

5. 招聘

6. 外聘人员的优缺点

7. 内部提拔的优缺点

8. 人员选聘的程序和方法

9. 情景模拟的方法

10. 人事考评

11. 贡献考评

12. 管理人员考评的程序

13. 管理人员的培训

二、知识点精解

1. 人力资源管理

人力资源管理是指让正确数量的正确人选在正确的时间处在正确的岗位上。主要内容包括招聘、培训、薪酬、绩效考核、职业发展等几个方面。

人力资源管理是组织竞争优势的重要来源，是组织战略的重要组成部分，人力资源管理中的 HR 政策及实践影响绩效。

2. 高绩效 HR 实践

高绩效 HR 实践（HPWP）是指能够使个体绩效和组织绩效都达到高水平的工作实践。其特征包括：自我管理的团队，决策权的下放，用来开发知识、技能和能力的培训计划，灵活的工作任务分配，开放式的沟通，基于绩效的薪酬，基于人员与岗位相匹配及人员与组织相匹配的员工定岗，广泛的员工参与，向员工授予更多的决策自主权，提高员工的知情权。

3. 人力资源规划

人力资源规划指确保在适当的时候，为适当的职位配备适当数量和类型的工作人员，确保员工能够有效完成所分配的任务。人力资源规划包括两个步骤：评估当前的人力资源状况和满足未来的人力资源需求。

4. 工作说明书和工作规范

工作说明书是对任职者需做什么、怎么做和为什么做的书面说明。反映工作的内容、环境和条件。

工作规范是任职者资格标准，反映工作对任职者的知识、技能和态度等的要求。

5. 招聘

招聘指寻找、识别和吸引合格的求职者。招聘的途径及其优缺点见表8-1。

表8-1　招聘的途径及其优缺点

招聘途径	优点	缺点
互联网	● 可触及大量人员 ● 可立刻获得反馈	遇到许多不合格的求职者
员工推荐	● 公司员工可以向求职者提供关于本公司的信息 ● 能够获得优秀的候选人，因为好的推荐会提升推荐者的声望	可能不会增加员工多样性
公司网站	● 辐射范围广 ● 能够瞄准某些特定群体	遇到许多不合格的求职者
校园招聘	大量的候选人集中在一起	仅限于初级职位
专业的招聘机构	非常熟悉该行业面临的挑战和要求	对特定组织无法做出承诺

6. 解聘

解聘的方式包括：

● 解雇：永久性、非自愿地终止合同。

● 暂时解雇：临时性、非自愿地终止合同。

● 自然减员：对主动辞职或正常退休腾出的职位空缺不予填补。

● 调换岗位：横向或向下调换员工岗位。

● 缩短工作周：让员工每周少工作一些时间。

● 提前退休：对提前退休提供激励。

● 工作分享：几个员工从事某一全职工作。

7. 培训方法

在岗培训：对工作任务进行初始介绍之后，员工通过执行这些任务来学习如何工作。

工作轮换：员工在某个特定领域内的不同岗位上工作，从而接触各种各样的工作任务。

辅导制：员工跟随一位经验丰富的同事一起工作，这位同事向他提供信息、支持和鼓励。这种培训方法在某些特定行业也称为学徒制。

实验练习：员工参与角色扮演、模拟或其他类型的面对面培训。

工作手册：员工参考培训手册和操作手册来获得有关信息。

课堂讲座：员工参加传达特定信息的演讲或讲座。

8. 绩效评估方法

绩效评估方法的简要介绍见表8-2。

表8-2 绩效评估方法

方法	定义	优点	缺点
书面描述法	考评者以书面形式描述员工的优缺点、以往绩效及潜力，并提供改进建议	简单易行	与其说是评估员工的实际工作绩效，不如说是衡量考评者的写作能力
目标管理法	按照员工实现其目标的程度进行评价	聚焦于目标，结果导向	耗时，不容易确定合适的目标
关键事件法	考评者重点关注那些能够区分工作绩效是否良好的关键行为	事例丰富，以具体行为为依据	耗时，无法量化
360°反馈	利用从上司、员工本人及其同事处得来的反馈意见进行绩效评估的一种方法	全面	耗时，实施困难较大
评分表法	列出一系列绩效因素。对每一项，按一定尺度（比如5点量表）对员工进行评分	提供定量的数据	无法提供关于工作行为的深层次信息
行为定位评分法	关键事件法与评分法的综合使用，但量表中的评分项目是工作中的具体行为事例	聚焦于具体的、可衡量的工作行为	耗时，难开发
多人比较法	将一个员工的工作绩效与一个或多个人作比较，是一种相对的而不是绝对的衡量方法。包括分类排序法、个体排序法、配对比较法	使员工之间能够相互比较	需要关注法理上的问题

第二部分 习题与案例

一、填空题

1. 人员配备可以从_____和_____两个角度去考察。

2. 组织的_____、_____的内容需要经常根据环境的变化做适当的调整，由_____和_____决定的组织结构也会随之发生相应的变化。

3. 人员配备的程序包括_____、_____、_____三部分。

4. 为了保证担任职务的人员具备_____，必须对组织内外的候选人进行筛选，做出最恰当的选择。

5. 培训既是为了_____、_____，也是为了_____。

6. _____是组织活动的关键资源。

7. 管理人员的_____、_____和_____是企业人事管理的核心；_____位于企业各种决策之首。

8. 组织可通过_____、_____来获得所需的管理人员。

9. 不同管理层次的管理业务应是不同的，但其本质特征是一样的，即_____。

10. _____是组织成功的基本保证。

11. 通过竞争来选聘管理人员的程序和方法主要包括_____、_____、_____、_____、_____五个方面。

12. 无领导小组讨论的方法主要用来评价候选人的_____、_____、_____。

13. _____是企业活动效率的决定因素。

14. 管理人员培训的目标包括_____、_____、_____、_____四个方面。

填空题参考答案

1. 组织　个人

2. 目标　活动　目标　活动

3. 确定人员需求量　选配人员　制订和实施人员培训计划

4. 职务要求的知识和技能

5. 适应组织技术变革　规模扩大的需要　实现员工个人的充分发展

6. 人

7. 选拔　培养　考评　人事决策

8. 外部招聘　内部提拔

9. 组织和协调他人的劳动

10. 组织成员之间的相互理解

11. 公开招聘　粗选　对粗选合格者进行知识与能力的考核　民意测验　选定管理人员

12. 领导能力　合作能力　应变能力

13. 员工的素质

14. 传递信息　改变态度　更新知识　发展能力

二、判断题

1. 人员配备的基本任务是使设计合理的组织系统能有效运转，组织中的每个工作岗位上都配有合适的人员，实现组织目标所必须进行的每项活动都有合适的人去完成。（　　　）

2. 组织是一个动态系统，处在一个不断变化发展的社会经济环境中。（　　　）

3. 人员需求量的确定主要以设计出的职务数量为依据。（　　　）

4. 保持成员对组织忠诚的一个重要方面是使他们看到自己在组织中的发展前途。（　　　）

5. 选人的目的在于使其担任一定的职务，要求其从事与该职务相关的工作。要使工

作卓越有成效地完成，首先要求任职者具有一定的学习能力和分析能力。（   ）

6.许多成功的企业都强调要多招聘外部人员来保持企业的活力。（   ）

7.晋升的前提是要有空缺的管理岗位，而空缺的管理岗位的产生主要取决于组织的发展，只有组织发展了，个人才能有更多的晋升机会。（   ）

8.测验可以完全反映一个人的基本素质，甚至可以表明一个人运用知识的能力和智力水平。（   ）

9.管理工作的效果是否理想只取决于管理者是否努力，并不受被管理人员对管理者接受程度的影响。（   ）

10.贡献考评既是对下属的考评，也是对上级的考评。贡献考评是考核和评价具体管理人员及其部门对组织目标实现的贡献程度。（   ）

11.每个组织都有自己的文化、价值观念、行动的基本准则。管理者只有了解并接受了这种文化，才能在其中有效地工作。（   ）

12.人员录用决定着组织人力资源的数量、质量和结构，是人力资源管理的前提和基础，是实现组织绩效和目标的重要保证。（   ）

13.海报选聘给组织成员提供了平等的成长和发展机会，但是组织内部成员不能自由、自愿申请，需要事前得到其直属上级领导的批准。（   ）

判断题参考答案

1. √   2. √   3. ×   4. √   5. ×
6. ×   7. √   8. ×   9. ×   10. √
11. √   12. √   13. ×

三、选择题

1.（   ）是组织角度的人员配备。

  A.储备干部力量　　　　　　　　　B.使个人素质得到不断提高

  C.使个人才干得到公正评价　　　　D.使个人能力得到充分发挥

2.人员配备的原则包括（   ）。

  A.经验判断　　　　B.人事动态平衡　　　C.因材器使　　　　D.因事择人

3.内部提拔的优点包括（   ）。

  A.调动组织成员的工作积极性　　　B.有利于被聘者迅速展开工作

  C.有利于选聘工作的顺利开展　　　D.有利于激励组织成员

4.内部提拔的缺点包括（   ）。

  A.组织对于应聘者的了解程度不够深入　B.可能造成"近亲繁殖"的现象

  C.缺乏一定的人事基础　　　　　　　D.可能引起其他同事的不满

5.选聘管理人员的一般要求是（   ）。

  A.强烈的管理欲望　　　　　　　　B.有决策能力

  C.有冒险精神　　　　　　　　　　D.正直、诚信

  E.掌握沟通技能

6.智力测验考察哪些方面或能力？（   ）

A. 思维能力　　　　　　　　　B. 观察复杂事务的能力

C. 思维的灵敏度　　　　　　　D. 记忆能力

E. 学习能力

7. (　　　) 不属于无领导小组讨论的步骤。

A. 向候选人提供大量公文

B. 要求候选人在规定的时间内将公文处理完

C. 规定身份，明确任务

D. 将候选对象分为若干小组

E. 每个候选人根据提供的资料进行自由讨论

8. 管理人员考评的目的和作用是 (　　　)。

A. 为确定管理人员的工作报酬提供依据

B. 有利于促进组织内部的沟通

C. 为管理人员的培训提供依据

D. 为人事调整提供依据

9. 优秀的管理人员必须具备的基本素质包含 (　　　)。

A. 决策能力　　　　B. 创新精神　　　　C. 沟通能力　　　　D. 用人能力

E. 正派的作风

10. 培训的作用是 (　　　)。

A. 丰富个人知识　　　　　　　B. 辨识个人发展潜力

C. 让企业内部的员工更团结　　D. 提高个人素质

选择题参考答案

1. A　2. BCD　3. ABCD　4. BD

5. ABCDE　6. ABCD　7. AB　8. ABCD

9. ABCDE　10. C

四、名词解释

1. 人员配备　　　　2. 外部招聘

3. 外来优势　　　　4. 内部提拔

5. 测验　　　　　　6. 工会

7. 工作说明书　　　8. 贡献考评

9. 能力考评　　　　10. 彼得现象

11. 猎头公司　　　　12. 全面考评

名词解释参考答案

1. 人员配备是为每个岗位配备合适的人，也就是说，首先要满足组织的需要；同时，人员配备也是为每个人安排适当的工作，因此，人员配备要考虑满足组织成员的特点、爱好和需要。

2. 外部招聘是指根据一定的标准和程序，从企业外部的众多候选人中选拔符合空缺要求的人员。

3.所谓"外来优势"主要是指被聘者没有"历史包袱",组织内部成员(部下)只知其目前的工作能力和实绩,对其历史特别是职业生涯的失败记录知之甚少。

4.内部提拔是指组织成员的能力得到增强并得到充分的证实之后,被委以需要承担更大责任的更高职务。

5.测验是指通过考试的方法测评候选人的基本素质,包括智力测验和知识测验两种基本形式。

6.工会是代表员工利益并通过集体协商来设法保护员工利益的组织。

7.工作说明书是一份描述工作的书面说明,一般描述的是工作内容、工作环境和工作条件。

8.贡献考评是指考核和评估管理人员在一定时期内担任某个职务的过程中对实现企业目标的贡献程度,即评价和对比组织要求某个管理职务及其所辖部门应该提供的贡献与该部门的实际贡献。

9.能力考评是指通过考察管理人员在一段时间内的管理工作,评估他们的现实能力和发展潜力,即分析他们是否符合现任职务的要求,任现职后能力和素质是否有所提高,从而能否担任更重要的职务。

10.彼得现象是指每一个管理职位最终都会由一位不胜任的员工担任。

11.猎头公司是指专门为组织选聘高级人才或特殊人才的职业机构。

12.全面考评就是根据组织的招聘标准,对求职者进行现实表现考评和职业适应性考察。

五、论述题

1.论述组织需要考虑哪些因素来确定未来需要的管理人员的数量。

2.论述外部招聘的优缺点。

3.论述管理人员的工作特点。

4.论述管理人员考评的程序。

5.论述与被考评对象发生业务联系的人员有哪些。

论述题参考答案

1.第一,组织现有的规模、机构和岗位。管理人员的配备首先是为了指导和协调组织活动,因此,首先需要参照组织结构系统图,根据管理职位的种类和数量确定组织未来需要的管理人员数量。

第二,组织发展的需要。随着组织规模的不断扩大,活动内容的日益复杂,管理工作量会不断增加,从而对管理人员的需求也会不断增加。因此,确定未来的管理人员的数量,还需要测算和评估组织发展与业务扩充的要求。

第三,管理人员的流动率。管理人员的流动是正常现象。此外,组织中现有的管理人员会因病老残退而减少。确定未来的管理人员的需要量后,对这些自然或非自然的减员进行补充。

2.优点:

(1)能够为组织带来"新鲜血液"。

（2）有利于缓和内部竞争者之间的紧张关系。

（3）外部招聘的人员具有"外来优势"。

缺点：

（1）外聘人员不熟悉组织的内部情况，也缺乏一定的人事基础，因此，需要一段时间的适应才能进行有效的工作。

（2）外部招聘的最大缺点莫过于对内部员工积极性的打击。

（3）组织对于应聘者很难有深入了解。

3.（1）管理人员的工作往往具有较大的特性。

（2）管理人员的工作结果往往受到存在于管理人员之外的许多难以界定的因素的影响。

（3）管理人员的工作效果通常难以精确地量化。

4.（1）确定考评内容。

（2）选择考评者。

（3）分析考评结果。

（4）传达考评结果。

（5）建立企业人才档案。

5. 与被考评对象发生业务联系的人员主要有三类：下属、关系部门、上级。下属的评价着重于被考评对象的领导能力和影响力；关系部门的考评主要是评估当事人的协作精神；上级人员填写考评表，上级主要是考核和评价考评对象的理解能力和执行能力。

六、案例

跳出固有的思维模式

联合包裹服务公司（UPS）是世界上最大的包裹递送公司之一，有着非常容易辨认的棕色递送卡车。它每天在美国以及全球 220 多个国家和地区派送大约 1 500 万个包裹和文件。实现包裹的高效派送是 UPS 收取服务费后应该完成的事情，但如果没有 102 000 多名派送司机，这么艰巨的任务根本不可能完成。随着人口老龄化，UPS 意识到公司目前面临着一项严峻的人力资源挑战：在接下来的五年时间里，一大批派送司机会陆续退休。这意味着公司需要招聘并培训大约 25 000 名派送司机，以取代即将退休的"婴儿潮"时代的员工。

很明显，UPS 传统的课堂培训已经失效了，因为大约 30% 的司机候选人不能通过这种培训达成预期目标。不过，该公司已经找到了一个非常好的解决方案，那就是公司独有的商业模式和一种新的培训方法。UPS 统一、高效的商业模式久经考验，例如公司的司机都能用一个小拇指勾住车钥匙，而不会因从口袋里来回掏钥匙而浪费时间。根据 UPS 的调查，未来派送司机候选人的主力军将是 20 岁左右的年轻人，对于这个群体来说，相比于传统的课堂培训，通过高科技教学（而不是书本和讲座）才能达到培训的最佳效果。所以 UPS 开发了一套新的培训方法——游戏培训。

在 UPS 位于华盛顿特区之外的一个培训中心，派送司机岗位的候选人需要花一周的时间练习和培训才能成为一名正式的派送司机，并可获得大约 74 000 美元的年薪。他们从一个位置移动到另一个位置以练习公司的"340 种方法"，这种方法是由工业工程师开发的技巧，能够使司机"节约从搬运包裹到在卡车装载的一堆货物中找到想要的包裹这一工作任务的时间并提高这些工作任务的安全性"。候选人还需要玩一种电子游戏，在游戏中他们坐在司机的位置上，必须识别出各种障碍物。在计算机模拟场景中，他们将来到一座模拟村庄克拉克斯维尔，这个村庄里有一些小型房屋和模拟公司。在模拟场景中，他们要驾驶一辆真正的卡车并且必须在 19 分钟内成功完成五次派送。此外，除了关注安全和高效，受训者还需要在打滑和滑倒模拟器中学习如何小心地在冰面上行走。

这种新的培训方式效果如何？到目前为止，效果非常好。在完成培训的 1 629 名受训者中，只有 10% 的人没有通过培训计划，这项培训计划总共耗时 6 周，其中包括在现实世界中驾驶派送卡车 30 天。

资料来源：斯蒂芬·罗宾斯，玛丽·库尔特. 管理学：第 13 版. 北京：中国人民大学出版社，2017.

思考题

1. 有哪些外部因素影响了 UPS 的人力资源实践？该公司如何应对这些趋势？

2. 对于 UPS 来说，为什么高效性和安全性如此重要？该公司的工业工程师在员工如何开展工作上发挥了什么作用？

3. UPS 对它的司机培训计划作了哪些改变？你如何看待这些改变？

4. 在你看来，这种培训方法具有什么优点和缺点？请从受训者和公司的角度分别讨论。

案例思考题参考答案

1. 外部因素：（1）预计大量出生于"婴儿潮"时代的派送司机即将退休正在影响着 UPS 的人力资源实践。（2）UPS 每天都要在 220 多个国家和地区派送大约 1 500 万个包裹，高效的送货司机是 UPS 完成艰巨的送货任务的首要因素。

为了应对"婴儿潮"时代员工即将退休的趋势，UPS 公司采取的解决措施是：招募年轻司机，开发了更适合他们的模拟游戏进行培训。

2. 安全性和高效性对该公司重要的原因：对 UPS 来说，速度、准确性和安全是最重要的。因为 UPS 的主要业务是快递配送服务，由于快递服务业竞争激烈，公司要想在激烈的竞争中获胜，就必须提高配送的效率和安全性，保持低成本和高客户满意度。

对于员工的工作方法，UPS 的工业工程师依靠其专业技能为送货司机设计最有效的运输路线、装卸程序和员工政策等最有利于提高工作技能的工作方法，极大地提高了员工的工作效率。

3. UPS 认识到其对送货司机的传统课堂培训已经失效。认为 20 多岁的年轻人——如今是送货司机候选人的主力军——最适合采用高科技教学方式，而不是阅读书籍和听讲座。其提供的培训内容除了公司的"340 种方法"，还有模拟电子游戏。

公司对培训项目的改变，说明了公司是一个创新的公司，能够根据环境的变化来改变自己的培训内容。培训内容使受训者既学到了有效的操作方法，又在游戏中获得了实践锻炼，有利于预防以后实践中可能遇到的各种问题。这些改变充分说明 UPS 是一个与时俱进、不断创新的公司。

4. 新的培训方法给受训者带来的优势：使用"340 种方法"和模拟游戏，能够帮助受训者很快掌握自己工作领域的工作技能，提高工作效率。

新的培训方法给公司带来的优势：新的培训方法能够短时间内培训出大批优秀的司机，从而更好地保证派送工作的效率。

对受训者而言，新的培训方法的缺点：模拟游戏等方法是高科技教学方法，如果受训者不熟悉新的技术（如电脑游戏，其他形式的电子学习），培训就不能取得很好的效果。甚至有可能由对驾驶运输的能力培训转变成对受训者基础的计算机操作的技术培训。

对公司而言，新的培训方法的缺点：模拟游戏等培训项目是非常昂贵的，往往会花费大量的资金，前期投入比较大，公司需要权衡培训带来的效益和可能存在的成本。

第9章　组织文化与组织变革

第一部分　知识点

一、关键知识点

1. 组织文化的概念

2. 组织文化的分类

3. 组织文化的特征

4. 组织文化的影响因素

5. 组织文化的构成

6. 组织文化的功能

7. 组织文化的反功能

8. 组织文化的塑造

9. 影响变革的因素

10. 组织变革的类型

11. 组织变革的内容

12. 组织变革的过程

13. 组织变革的观点

14. 组织变革的阻力

15. 组织变革的压力

16. 组织冲突的类型

17. 组织冲突的影响

18. 激发创新

二、知识点精解

1. 组织文化的层次

组织文化层次有二层次、三层次、四层次理论，见表9-1。

表9-1　组织文化层次

层次	具体内容
二层次	文化内涵：最高目标、价值观、基本理念 文化载体：物质载体、符号载体、行为载体

续表

层次	具体内容
三层次	显性的：器物 中间层：规范和价值观 隐性的：共享的基本假设
四层次	表层：物质文化 浅层：行为文化 中层：制度文化 核心层：精神文化

2. 组织文化的作用

组织文化具有两个方面的作用：内部整合、外部适应。内部整合指组织成员会发展出一种集体认同感并明了该如何有效地一同工作。外部适应指组织如何达成目标及如何处理与外部人的关系。

3. 影响变革的因素

影响变革的因素包括内部因素和外部因素两大类。内部因素包括战略、员工队伍、新设备、员工态度。外部因素包括市场（如不断变化的消费者需求）、新的政府法律和条例、技术、劳动力市场、经济。

4. 变革过程——勒温的组织变革三阶段理论

勒温认为变革包括三个阶段：解冻、变革、再冻结。

解冻可以理解为对变革所做的筹备。解冻可以通过以下方式来完成：增强驱动力量，即推动变革的力量。减少制约力量，即抵制变革的力量。或者综合使用这两种方法。

一旦解冻完成，变革就可以自发实施。

新的情况需要再冻结，再冻结的目标是通过强化新行为以使新的情况稳定下来。

5. 组织变革的类型

组织变革即结构、技术或人员的任何变革，组织变革的类型见表9-2。

表9-2　组织变革的类型

类型	具体内容
结构变革	● 结构变革包括组织结构变量（例如职权关系、协调机制、员工授权、职位设计）的任何变化 ● 外部环境或组织战略的改变常常会导致组织结构的变化 ● 不同部门的职责可以合并 ● 组织层级可以撤销 ● 一位管理者管辖的员工数量可以增加 ● 可以实施更多的规定和程序以提高标准化程度 ● 可以向员工授权以便决策能够更快制定 ● 调整、撤销、合并或者扩张产品部门 ● 从职能型组织结构转变为事业部型组织结构，或者创建一种项目型组织结构设计

续表

类型	具体内容
技术变革	● 技术变革包括完成工作所采用的方法、手段和设备的改变 ● 引进新的设备、工具或方法 ● 自动化 ● 计算机化
人员变革	● 人员变革指的是个体或群体的态度、期望、认知和行为的改变 ● 组织发展：改变人员及人与人之间工作关系的本质的各种方法。组织发展旨在使得个体和群体更有效地合作

6. 抵制变革的原因

员工抵制变革的原因包括：

第一，变革让已知变得模糊、不确定。变革让不确定性取代了确定性，当面对不确定性时，出于各种担心，员工可能会抵制变革。

第二，惯性。员工通常按照已经形成的习惯做出反应，即存在路径依赖，从而抵制变革。

第三，对个人得失的担忧。员工害怕变革会导致自己失去已有的东西，从而抵制变革。

第四，担心变革不符合组织的目标和利益。如果员工认为变革没有使组织变得更加有效，就有可能抵制变革。这对于变革来说可能是好事，有利于完善变革。

7. 减缓变革阻力的策略

减缓变革阻力的策略见表 9-3。

表9-3 减缓变革阻力的策略

策略	定义	何时使用	优点	缺点
教育与沟通	通过让员工看到变革的必要性来减少变革阻力	当抵制是由于错误信息的误导导致的时	澄清误解	当缺乏信任时可能无济于事
参与	让受变革影响的员工参与变革过程	当抵制者拥有能够为组织做出贡献的特长时	提高参与和认可	耗费时间；有可能导致糟糕的决策
促进与支持	提供一系列措施，如员工心理咨询、新技能培训等，帮助员工应对变革带来的焦虑	当抵制者存在担忧或焦虑时	能够促进必需的调整	成本高；不能保证成功
协商	用某个有价值的事物换取一份协议以减少变革阻力	当抵制来自某个强大的群体时	能够获得认可和承诺	有可能成本高昂；使其他人也能够对组织施加压力

续表

策略	定义	何时使用	优点	缺点
操纵与招揽	通过各种隐蔽的手段影响他人对变革的看法。包括有意扭曲某些事实，隐瞒具有破坏性的消息，制造谣言	当需要获得某个强大的群体的认可和支持时	以一种低成本、容易的方式获得支持	可能会产生适得其反的后果，从而导致变革推动者失去可信度
强制	对抵制者进行直接威胁	当需要获得某个强大的群体的认可和支持时	以一种低成本、容易的方式获得支持	可能是非法的；可能破坏变革推动者的可信度

8. 员工压力

压力是人们对特别的要求、约束或机会给他们施加的过度压迫感所产生的一种不良反应。压力未必是坏事。导致压力的因素见表9-4。

表9-4　导致压力的因素

因素	含义	具体内容
任务要求	是与员工工作相关的因素。这些因素包括工作设计（自主权、任务多样性、自动化程度）、工作条件，以及具体的工作布局	● 一名员工的工作任务与其他员工的任务之间的相互依赖程度越高，产生压力的可能性就越大 ● 工作过程中要忍受高温、嘈杂或其他危险的或不尽如人意的工作条件时，也会提高焦虑程度 ● 如果在一间过于拥挤的房间工作，也会导致焦虑和压力
角色要求	组织对一名员工在组织中扮演的特定角色提出的要求	● 角色冲突会产生一些可能难以调和或满足的期望 ● 当员工被期待在规定的时间内做更多事情时，就会出现角色过载 ● 当员工没有清晰地理解组织对自己角色的期望并且无法确定自己应当做什么时，就会形成角色模糊
人际关系	其他员工施加的压力	● 缺乏同事的社会支持 ● 糟糕的人际关系
组织结构	组织结构会增大压力	● 过多的规章制度 ● 员工缺少机会去参与那些能够对其造成影响的决策
组织领导	体现组织中管理者的领导风格	有些管理者营造一种以紧张气氛、畏惧和焦虑为特征的文化
个人因素	能够导致压力的个人因素	● 家庭事务 ● 个人经济问题 ● 个人的性格特征

9. 减缓压力的方法

（1）控制某些组织因素。

● 能力与职务相匹配。

- 增进组织沟通，减少模糊性。
- 通过绩效管理明确工作职责。
- 职务再设计，降低工作倦怠与超负荷。

（2）对个人提供帮助。

- 心理咨询。
- 时间管理。
- 举办各种健身活动。

第二部分　习题与案例

一、填空题

1. 组织是按照一定目的和形式构建起来的_____。

2. 组织变革过程中的两大观点：_____和_____。

3. 按组织文化对组织成员的影响力分类，组织文化分为三种类型：_____、_____、_____。

4. 组织文化的外部影响因素有：_____、_____、_____。

5. 组织文化的三大反功能：_____、_____、_____。

6. 组织变革的过程包括_____、_____、_____三个阶段。

7. 人员的变革是指员工在态度、技能、_____、_____和行为上的改变。

8. 压力的三大特征：_____、_____、_____。

9. _____变革是指组织紧密围绕其关键目标和核心能力，充分应用现代信息技术对业务流程进行重新构建。

填空题参考答案

1. 社会集合体

2. 风平浪静观　激流险滩观

3. 强力型组织文化　策略合理型组织文化　灵活适应型组织文化

4. 民族文化　制度文化　外来文化

5. 变革的阻碍　多样化的阻碍　并购的阻碍

6. 解冻　变革　再冻结

7. 期望　认知

8. 生理上的反应　心理上的反应　行为上的反应

9. 流程主导性

二、判断题

1. 组织精神就是组织内部管理层和全体员工对该组织的生产、经营、服务等活动以

及指导这些活动的一般看法或基本观点。（　　　）

2. 所谓破坏性冲突，是指组织成员从组织利益角度出发，对组织中存在的不合理之处所提出的意见等。（　　　）

3. 组织变革的基本目标是使组织整体、组织中的管理者以及组织中的成员对外部环境的特点及其变化更具适应性。（　　　）

4. 产生变革阻力的原因可能是传统的价值观念和组织惯性，也有一部分来自对变革不确定性的担忧，集中表现为来自个人的阻力和来自组织的阻力两种。（　　　）

5. 组织中的结构变动和任务要求是产生压力的因素。（　　　）

6. 随着外部不确定性因素的增多，组织决策对信息的依赖性增强，为了提高决策的效率，必须通过变革保障信息沟通渠道的畅通。（　　　）

7. 结构性变革是指组织紧密围绕其关键目标和核心能力，充分应用现代信息技术对业务流程进行重新构造。（　　　）

8. 在灵活适应型组织中，不存在抽象的、好的组织文化，也不存在放之四海而皆准、适合所有组织的克敌制胜的组织文化。（　　　）

9. 根据文化、战略和环境的配置，组织文化只能分为两种类型。（　　　）

10. 从本质上讲，组织文化是一种抽象的意识范畴，是存在于组织内部的一种群体意识现象、意念性行为取向和精神观念。（　　　）

11. 风平浪静观认为变革是对各种事件的偶然干扰，而且在变革发生时可以予以规划和管理。（　　　）

12. 角色冲突会创造一些可能难以调和或满足的期望。当员工被期待在规定的时间内做更多事情时，就会出现角色模糊。（　　　）

13. 创造过程得出的结果转化为有用的产品或工作方法，就是创造力。（　　　）

判断题参考答案

1.×　2.×　3.√　4.√　5.√

6.√　7.×　8.×　9.×　10.√

11.√　12.×　13.×

三、选择题

1. 一种能够激发创新的环境，包括（　　　）。
   A. 结构变量　　　　B. 人力资源变量　　　C. 社会变量　　　　D. 文化变量

2. 以下选项属于按组织文化的内在特征分类的组织文化是（　　　）。
   A. 学院型组织文化　　　　　　　　B. 适应型组织文化
   C. 强力型组织文化　　　　　　　　D. 堡垒型组织文化

3. （　　　）是所有组织成员达成共识并共同遵循的价值标准、基本信念。
   A. 组织精神　　　B. 组织结构　　　C. 组织文化　　　D. 组织价值观

4. （　　　）文化是组织文化的表层，也有人称之为"文化构件"。
   A. 精神　　　　B. 文化　　　　C. 物质　　　　D. 制度

5. （　　　）是组织精神和组织文化的人格化身与形象缩影。

A. 组织的宗旨　　　B. 组织伦理　　　C. 组织成员　　　D. 模范典型

6. 影响变革的因素可以分为（　　　）因素和（　　　）因素两个部分。

A. 外部　　　　　B. 无形　　　　　C. 有形　　　　　D. 内部

7. 以下选项属于按照组织所处的经营环境状况分类的组织变革类型是（　　　）。

A. 结构性变革　　B. 被动性变革　　C. 流程主导性变革　D. 主动性变革

8. 组织变革具有（　　　）和（　　　）的特点，组织中的任何一个因素改变，都会带来其他因素的变化。

A. 互动性　　　　B. 差异性　　　　C. 系统性　　　　D. 整体性

9. 人们抵制变革的原因包括（　　　）。

A. 结构变动的影响　　　　　　　B. 惯性

C. 对个人得失的担忧　　　　　　D. 人际关系的影响

10. 产生压力的因素可能有多种，变革中的主要压力因素是（　　　）和（　　　）。

A. 组织因素　　　B. 文化因素　　　C. 社会因素　　　D. 个人因素

11. 团体内部或团体之间的竞争是不可避免的，（　　　）是这种竞争的一种表现形式。

A. 组织压力　　　B. 组织创新　　　C. 组织冲突　　　D. 变革阻力

12. 以下哪些选项属于组织文化的功能？（　　　）

A. 整合功能　　　　　　　　　　B. 激励和约束功能

C. 凝聚功能　　　　　　　　　　D. 适应功能

选择题参考答案

1. ABD　2. AD　3. C　4. C

5. D　6. AD　7. BD　8. AC

9. BC　10. AD　11. C　12. ABCD

四、名词解释

1. 组织文化　　　　　2. 压力

3. 组织变革　　　　　4. 创造力

5. 预社会化　　　　　6. 组织精神

7. 组织冲突　　　　　8. 冰山理论

9. 组织文化塑造　　　10. 个性型组织文化

名词解释参考答案

1. 组织文化指的是一个组织在长期实践活动中形成的具有本组织特征的文化现象，是组织中的全体成员共同接受和共同遵循的价值观念和行为准则。

2. 压力是人们对特别的要求、约束或机会给他们施加的过度压迫感所产生的一种不良反应。

3. 组织变革是指组织根据内外环境变化，及时对组织中的要素进行调整、改进和革新的过程。

4. 创造力指的是以某种独特的方式综合各种思想或者在两种思想之间建立独特联系的能力。

5. 预社会化指企业在招募新员工时不仅提出相应的技能和素质要求，而且注意判断应聘者的价值观与企业的价值观是否一致。

6. 组织精神指组织经过共同努力奋斗和长期培养所逐步形成的、认识和看待事物的共同心理趋势、价值取向和主导意识。

7. 组织冲突是指组织内部成员之间、不同部门之间、个人与组织之间由于在工作方式、利益、性格、文化、价值观等方面的不一致导致的彼此之间相互抵触、争执甚至攻击的行为。

8. 冰山理论指组织可以看作一个浮在水面的冰山。水面之上的部分是组织结构、规章制度、任务技术、生产发展等要素。水面之下的部分是组织的价值观体系、组织成员的态度体系等组成的组织文化。

9. 组织文化塑造是指组织有意识地发扬其积极、优良的文化，摒弃其消极、劣性的文化的过程。

10. 个性型组织文化是一种既以人为导向又强调平等的文化。这种文化富有创造性，能孕育新观点，允许每个人按照自己的兴趣工作，同时保持互利的关系。

五、论述题

1. 论述勒温的组织变革三阶段理论。
2. 论述组织文化的特征。
3. 论述怎样塑造组织文化。
4. 论述如何管理变革阻力。
5. 论述组织文化的功能。
6. 论述如何减缓组织变革的压力。

论述题参考答案

1. 美国学者勒温从探讨组织变革中组织成员的态度出发，提出组织变革经历"解冻、变革、再冻结"的三阶段理论。勒温认为，在组织变革中，人的变革是最重要的，组织要实施变革，首先必须改变组织成员的态度。组织成员态度发展的一般过程及模式，反映着组织变革的基本过程。解冻是指刺激个人或群体去改变他们原来的态度，改变人们的习惯与传统，鼓励人们接受新的观念。变革是指通过认同与内在化等方式，使组织成员形成新的态度和接受新的行为方式。再冻结是指利用必要的强化方法，使最后被接受和融合的、所期望的新态度和行为方式长久地保持下去、成为个人品德中永久的组成部分。

2. 第一，精神性。从本质上讲，组织文化是一种抽象的意识范畴，是存在于组织内部的一种群体意识现象、意念性行为取向和精神观念。

第二，相对稳定性。组织文化一旦形成，就具有较强的稳定性，不会因组织管理人员的变更、发展战略的转变、组织结构的变化，以及产品与服务的调整而改变。

第三，系统性。组织文化不是碎片化的，具有很强的系统性。任何组织文化都是由共享价值观、团队精神、行为规范等一系列相互依存、相互联系的要素构成的。

第四，融合性。任何组织都处于一定的社会文化环境中，其文化的形成必然受到所在国家民族文化传统和价值体系的深刻影响，因而与其他经济社会文化背景下产生的组织文化具有显著差异。

第五，发展性。组织文化随着历史的积累、社会的进步、环境的变迁以及组织的变革逐步演进和发展。

3. 第一，选择正确的组织价值观。组织价值观要体现组织的宗旨和发展战略与方向，要与组织文化各要素相互协调，要得到组织成员和社会的认可与接受。

第二，强化认同。在选择并确立了组织价值观和组织文化模式后，应采取有效的方式进行强化灌输，使得到基本认可的方案真正深入人心。

第三，提炼定格。成熟的组织价值观和组织文化模式的形成不是一蹴而就的，必须经过全面分析、归纳和提炼定格。

第四，巩固完善。为了巩固、落实已提炼定格的组织文化，有必要建立奖优罚劣的规章制度。为了培育和巩固优秀的组织文化，管理者必须与组织发展方向保持一致，不仅活跃在组织中，而且要经常谈及组织的愿景，并日复一日地去践行，只有管理者以身作则、率先垂范，才能真正带领组织成员为建设优秀的组织文化而共同努力。

4. 人们抵制变革是因为不确定性、习惯、对个人得失的担忧，以及担心变革不符合组织的目标和利益。可以用以下策略来减缓变革阻力：

第一，教育与沟通。就变革的必要性对员工进行教育并与他们沟通。

第二，参与。让受变革影响的员工参与变革过程。

第三，促进与支持。向员工提供他们需要的支持以实施变革。

第四，协商。用某个有价值的事物换取一份协议以减少变革阻力。

第五，操纵与招揽。使用非建设性的行为来产生影响。

第六，强制。使用直接的威胁。

5. 组织文化的功能：导向功能、辐射功能、激励和约束功能、凝聚功能、适应功能。

第一，导向功能。引导着组织整体和每一个组织成员的价值取向及行为取向，使之符合组织所确定的目标。

第二，辐射功能。组织文化不仅会在组织内发挥作用，还会在组织外及社会上发挥作用。

第三，激励和约束功能。组织文化能激发员工的积极性、主动性和创造性，组织文化的约束功能是指组织中的文化氛围、群体行为准则和道德规范等形成的一种软约束。

第四，凝聚功能。以各种微妙的方式沟通组织成员的思想感情，融合人们的理想、信念和情操，培养和激发群体意识。

第五，适应功能。组织文化可以帮助新加入组织的成员尽快适应组织，使自己的个人价值观更好地与组织需要相匹配。

6. 第一，组织必须从录用员工时就要确定员工的潜力大小，看其能否满足工作的要求。

第二，如果压力来自枯燥的工作或过重的工作负荷，可以考虑重新设计工作内容或减少工作量。

第三，组织应当建立规范的绩效考核方案，如采取目标管理法，清楚地划分工作责任并提供清晰的考核标准和反馈路径，以降低各种不确定性。

第四，改善组织沟通，将沟通不畅所产生的压力减至最小。

第五，组织可以通过建构强势文化使员工的目标和组织的目标尽可能趋于一致，也可以采用一些比较适宜的、能够有效减轻压力的放松技术，如深呼吸、改善营养平衡等方法，引导员工减少压力。

六、案例

SDG 公司的组织变革

SDG 公司于 1993 年创立，从事 IT 产品的生产与销售。初创时，公司采用集权管理方式。随着业务的发展，公司采用了相对分权的母子公司体制，使子公司拥有较大的自主权。在这种分权体制下，公司连续 8 年实现了快速发展，并成为最早上市的几家 IT 公司之一。

在各子公司的发展过程中，规模较大的子公司权力增大，独立性增强。自 2001 年起，子公司的负责人由董事会而非总裁任命，并设立了董事长，采取董事长负责制。子公司的经营决策主要由自己决定，只是象征性地向上级集团报批年度计划。这导致集团与子公司之间的关系不顺畅，信息沟通受阻，员工对集团缺乏归属感和认同感，集团的决策难以有效执行，内部协调成本增加，最严重的问题是资源无法共享。

SDG 公司在 2003 年 8 月聘请了 MX 管理咨询公司为其制订变革方案，建议建立集权的组织结构。方案包括打散原有的母子公司体制，成立销售事业部管理渠道和大行业销售以及各省销售分公司，设立硬件制造事业部，该部统一负责集团硬件产业的研发、生产和制造。同时整合各子公司的行政、人事和财务等管理资源，并组建信息中心协助集团总裁对各事业部进行管理。公司还计划在财权方面进行集中以整合资金资源，并在人事方面进行集中以建立基于合作的企业文化。

关于变革的实施，MX 咨询公司向 SDG 提供了两套方案：一套是一步到位的，直接在集团内部进行全局性大调整，这要求企业有较强的承受能力；一套是渐进式的过渡方案，先在子公司内部推行，成功后再向集团推广。在集团总裁的坚持下，SDG 采用了一步到位的方案：决定自 2003 年 10 月 16 日开始，战略重组工作全面展开；至 12 月 5 日前完成新旧体系的转换；从 2004 年 1 月 1 日起，全面运行新体系。

原有的结构被打散了，新的结构虽然名义上建立起来了，但基本无法运作。具体原因有以下几方面：一是除硬件产业的相关子公司的调整幅度相对小一些外，其他机构均是对过去相对独立部门的组合，许多员工彼此之间还不认识，需要时间相互了解与磨合；二是许多员工在这次重组中调整了工作岗位，从事自己不熟悉的工作，许多专业要重新学习，这对员工是一个很大的挑战；三是在机构之间，原来熟悉的工作方式改变了，出现了一系列规范化的新的管理程序。新的工作程序的出现使部门之间、岗位之间的工作关系发生了很大的变化。行政命令少了，协商沟通多了。原来由总裁决定的事，现在通常要由一些职位不是很高的人（例如产品经理、客户经理等）决定。

面对不熟悉的程序和业务，员工需要与不熟悉的人进行沟通协商，这极大地降低了效率。此外，原子公司许多管理人员在新结构中的地位下降或职位不明确，导致他们产生了强烈的抵触情绪。这导致新事业部门对采购物品回款、销售渠道、客户付款、库存数量与账目等信息缺乏了解，客户也不清楚与哪个部门联系，业务量急剧下滑。最终，SDG 公司在 2004 年 6 月宣布变革失败，决定恢复原来的子公司体制，此次变革造成了超过亿元的直接经济损失。

资料来源：麦影，唐伶，戴卫明.管理学.武汉：中国地质大学出版社，2015.

思考题

1.SDG 公司的组织变革为什么会失败？

2.SDG 公司在进行组织变革时做了哪些工作？你认为还需要做哪些工作？

3.SDG 公司在组织变革过程中遇到了哪些阻力？应该如何减缓这些阻力？

案例思考题参考答案

1. SDG 公司盲目地采用了一步到位的变革方案，虽然组织变革方向正确，但内容庞杂，实施过程缺乏审慎设计与控制，导致新方案难以落实。

2. SDG 公司在进行组织变革时的工作：聘请咨询公司制订变革方案；打散母子公司体制；整合管理资源；集中财权和人事权；采用一步到位的方案。

SDG 公司在组织变革时还需要做以下工作：

第一，人员调整和培训。让员工了解新的组织结构和程序，并适应新的工作环境。

第二，沟通和协调。加强各事业部之间的沟通和协调，确保信息的畅通和工作的顺利进行。

第三，建立有效的激励机制。鼓励员工积极参与变革，提高员工的工作积极性和满意度。

第四，风险评估和管理。对变革过程中可能出现的风险进行评估和管理，制定应对措施，确保变革的顺利进行。

3. SDG 公司在组织变革时遇到了以下阻力：

员工对变革的抵触心理。其一，SDG 公司的员工对变革可能带来的不确定性感到担忧，他们可能感到自己的工作习惯和方式将被改变，甚至可能失去工作。其二，组织变革往往需要改变原有的组织结构和业务流程，这可能会对员工的工作方式和职责产生影响。其三，组织变革往往会导致管理和领导层的变动，这可能会对员工的晋升和发展产生影响。

为了减缓这些阻力，SDG 公司应该采取以下措施：

第一，建立良好的沟通机制。向员工解释变革的必要性和重要性，让他们了解变革的具体内容和实施计划，并及时解答他们的疑问和困惑。

第二，提供必要的培训和支持。帮助员工适应新的工作方式和职责以及新的业务流程。

第三，制定合理的激励措施。鼓励员工积极参与变革，并对变革的成功实施做出贡献。

第四，建立稳定的领导层和管理团队。让他们在变革过程中发挥积极的引导和协调作用。

第 10 章

团队管理

第一部分　知识点

一、关键知识点

1. 群体的定义

2. 群体发展的五个阶段

3. 群体结构

4. 冲突的类型

5. 社会堕化的定义

6. 团队的四种类型

7. 正式组织与非正式组织的区别

8. 非正式组织的影响

9. 直线关系的定义

10. 参谋关系的定义

11. 如何正确发挥参谋的作用

12. 委员会的定义

13. 委员会的局限性

14. 团队管理面临的挑战

二、知识点精解

1. 群体

群体是指两个或两个以上相互作用、相互依赖的个体为了实现特定的目标而组合在一起构成的集合体。群体包括正式群体和非正式群体。

正式群体是由所在组织的结构所确定的工作群体，有着明确的工作分工和具体的工作任务，主要是为了实现该组织的目标，如任务群体。

非正式群体是社会性的，反映了人们的社交需要，一般基于友谊或共同兴趣形成。

2. 群体发展的五个阶段

群体发展一般会经历形成、震荡、规范、运行、解体五个阶段（见表 10-1）。

表10-1　群体发展的五个阶段

阶段	具体内容
形成	● 界定目标、结构 ● 不确定性大，成员不断尝试什么样的行为是可接受的

续表

阶段	具体内容
震荡	● 发生群体内部冲突 ● 争夺控制权 ● 出现相对清晰的领导层级并对该群体前进的方向达成共识
规范	● 形成密切的关系和凝聚力的阶段 ● 对群体行为预期（或者规范）达成共识
运行	成员把主要精力从彼此相互认识和了解转移到完成本群体的工作任务上
解体	把自己的主要精力用于善后事宜而不是完成工作任务

3. 群体的外部环境

群体的外部环境指所在组织的战略、权力关系、正式的规章制度、资源的可获得性、员工甄选标准、绩效管理体系和文化，以及该群体在工作空间的总体布局。

4. 群体成员的资源

群体成员的资源包括每个成员与任务相关的知识、能力、技能和个性特征。如积极的个性特征——社交性、自力更生、独立性；消极的个性特征——霸权主义、支配欲、反复无常。

5. 群体结构

群体结构定义了角色、规范、地位、群体规模和正式领导。具体内容见表 10-2。

表10-2　群体结构的维度和主要内容

维度	主要内容
角色	● 在一个群体中，人们对于占据特定位置的个体所期望的一套行为模式 ● 任务完成者角色（孙悟空）、群体满意度维持角色（猪八戒） ● 角色冲突、角色模糊、角色超载
规范	● 群体成员共同认可的标准或期望 ● 社会人、江湖人、官府人
地位	● 群体内部的威望等级、位置或是头衔 ● 非正式途径（通过教育、年龄等个人特征获得）或正式途径（组织授予）
群体规模	● "两个比萨饼"原则，一个团队的人员应当足够精简，只需要两个比萨饼就可以让整个团队吃饱，即 5～7 人最佳 ● 小群体可以比大群体更快速地完成工作任务。不过，对于致力于解决复杂问题的群体来说，大群体总是比小群体效果更好 ● 社会惰化：个体在群体中工作不如单独工作时那么努力的倾向，因为存在搭便车行为
正式领导	指组织中的权力指挥链体系

6. 群体决策

（1）群体决策的优势。

● 提供更全面更完整的信息。
● 产生更多的备选方案。
● 提高方案的可接受性。
● 提高方案的合理性。

（2）群体决策的劣势。

● 耗费时间。
● 少数人控制局面。
● 屈从压力。
● 责任不明确。

7. 冲突

冲突是指由于某种不一致或对立状况所导致的不协调或差异。

传统观点认为冲突代表群体出现了问题，应该尽量避免冲突。

人际关系学派认为冲突是一种自然而然的现象，无法避免，未必一定是消极的。

互动学派则认为冲突是绝对有必要的。冲突可以分为良性冲突和恶性冲突。良性冲突如功能型冲突，可以支持工作群体实现其目标，提高群体的业绩水平。恶性冲突如功能失调型冲突，会妨碍工作群体实现其目标。

8. 冲突和绩效的关系

研究发现冲突和绩效不是简单的直线关系，而是倒 U 型曲线关系，见图 10-1。

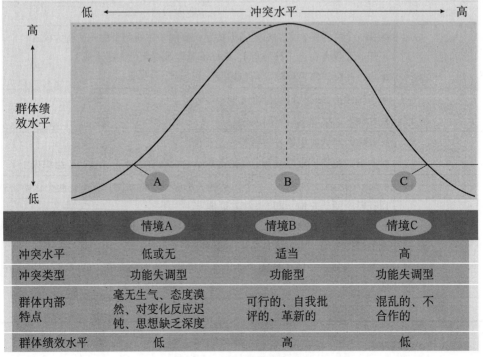

图 10-1　冲突和绩效的关系

9. 冲突的类型

冲突包括任务冲突、关系冲突、程序冲突三类。

任务冲突指与工作的内容和目标有关的冲突。中等偏低的任务冲突是积极的。

关系冲突指人际关系中的冲突。通常是消极的。

程序冲突指关于工作如何完成的冲突。低水平的程序冲突是积极的。

10. 处理冲突的方法

处理冲突的方法见图 10-2。

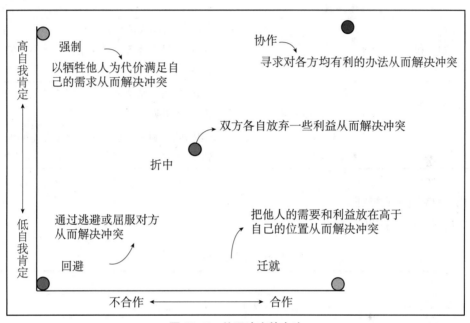

图 10-2　处理冲突的方法

11. 团队

团队是由通过积极协作、技能互补来努力完成某个特定的共同目标的成员组成的群体。团队和群体的区别见表 10-3。

表10-3　团队和群体的区别

团队	群体
共同承担领导角色	由一位领导负责
承担个人和团队责任	承担个人责任
团队制定目标	与组织目标相同
工作由团队集体完成	工作由个体单独完成
会议有开放式讨论	会议无开放式讨论
协力解决问题的会议	会议追求效率
团队成果即为团队绩效	对其他群体的影响即为群体绩效
工作由集体决定	领导分配成员工作

12. 团队类型

按照不同的标准，团队可以分成不同的类型，见表 10-4。

表10-4　团队的类型

分类标准	类型	典型代表
目的	● 产品开发型团队 ● 问题解决型团队 ● 流程再造型团队 ● 其他	问题解决团队，它由来自同一个部门或职能领域的员工组成，其目的是改进工作实践或解决具体问题
自主权	● 受监控型团队 ● 自我管理型团队	自我管理型团队是由员工组成的一种正式群体，在运行中没有经理，团队单独负责一个完整的工作程序或部门
职能多样性	● 职能型团队 ● 跨职能型团队	跨职能型团队是由来自不同职能领域的个体组成的工作团队
沟通方式	● 实体团队 ● 虚拟团队	虚拟团队是利用信息技术把分散在不同地方的成员连接起来以实现某个共同目标的工作团队

13. 高效团队的特征

高效团队的特征见表 10-5。

表10-5　高效团队的特征

特征	具体内容
清晰的目标	对目标是什么，如何完成，团队有清晰的认知
相关的技能	成员具有团队所需的各种技能
相互的信任	成员之间非常信任彼此的能力、人品
统一的承诺	成员认同团队目标并愿意投入大量的时间、精力来实现团队目标
良好的沟通	成员之间的信息传递非常及时、高效，并且清晰易懂
谈判的技能	成员正视和解决分歧的能力
恰当的领导	领导能够有效地激发团队成员的工作热情
内部支持	团队应该有健全的考核体系、奖励计划等
外部支持	团队能够从组织获得必要的资源

第二部分　习题与案例

一、填空题

1.正式组织以成本和效率为主要标准，维系正式组织主要靠_____，而维系非正式组织主要靠_____上的因素。

2.组织中的管理人员是以_____和_____两个不同的身份来从事管理工作的。

3.直线关系是一种_____和_____的关系，授予直线人员的是_____和_____的权力。

4.参谋关系是一种_____和_____的关系，授予参谋的是思考、筹划和建议的权力。

5.委员会的工作方式的局限性是_____、_____、_____。

6.向参谋授予必要的权力之后，要防止出现_____的危险。

7.谨慎地使用职能权力包括两层含义，首先要认真分析授予职能权力的_____，其次要明确职能权力的_____。

8.委员会的规模主要受到两个因素的影响：_____和_____。

9.在确定委员会的规模时，要努力在追求_____和_____之间取得平衡。

10.组织设计的结果是形成_____组织，而_____组织是伴随着正式组织的运转而形成的。

11.非正式组织要求成员保持_____，而这一要求往往也会束缚成员的个人发展。

12.团队的类型有_____、_____、_____、_____。

13.打造有效的工作团队需要_____、_____、_____、_____、_____、_____、_____。

填空题参考答案

1.理性　感情

2.直线主管　参谋

3.命令　指挥　决策　行动

4.服务　协助

5.时间上的延误　决策的折中性　权力和责任的分离

6.多头领导

7.必要性　性质

8.沟通的效果　委员会的性质

9.沟通效果　代表性

10.正式　非正式

11.一致性

12.问题解决型团队　自我管理型团队　跨职能型团队　虚拟团队

13.清晰的目标　相关的技能　相互的信任　统一的承诺　良好的沟通　谈判的技能　恰当的领导　内部支持、外部支持

二、判断题

1.非正式组织是有明确的目标、任务、结构、职能以及由此而决定的成员间的责权关系，对个人具有一定程度的强制性的组织。（　　）

2.作为正式组织，不论其规模的大小和从事的是什么样的活动，其组建、运行都需

要有三个基本要素：协作意愿、共同目标和信息沟通。（　　　　）

3. 非正式组织是由与正式组织相互联系但又独立于正式组织之外的小群体组成的。（　　　）

4. 非正式组织的目标如果与正式组织冲突，也不会对正式组织的工作产生不利的影响。（　　　）

5. 组织文化的核心是组织的价值观和企业精神。（　　　）

6. 参谋关系是一种上级指挥下级的命令关系。（　　　）

7. 参谋作用发挥失当，会破坏统一指挥的原则。（　　　）

8. 委员会不存在时间上的延误，且其权力和责任是统一的。（　　　）

9. 群体发展有五个阶段，分别是形成、震荡、规范、运行、解体。（　　　）

10. 任务冲突涉及工作如何完成，与工作的内容和目标无关。（　　　）

11. 自我管理型团队是由员工组成的一种正式群体，在运行中没有经理，团队单独负责一个完整的工作程序或部门。（　　　）

12. 委员会是一个讲坛，每个成员都有发言的权利，这些成员代表了不同的利益集团、利益部门，也代表了个人。（　　　）

13. 正式组织主要以感情和融洽的关系为标准，要求成员遵循其不成文的行为规则。（　　　）

14. 委员会能够综合各种意见，提高决策的正确性。（　　　）

判断题参考答案

1. ×　　2. √　　3. √　　4. ×　　5. √

6. ×　　7. √　　8. ×　　9. √　　10. ×

11. √　　12. √　　13. ×　　14. √

三、选择题

1. 下列关于非正式组织正确的说法是（　　　）。

  A. 非正式组织以感情和融洽为主要的标准

  B. 非正式组织会发展组织的惰性

  C. 非正式组织的危害要大于积极作用

  D. 正式组织与非正式组织是交叉混合的

2. 下列关于委员会的说法中不正确的是（　　　）。

  A. 委员会能够综合各种意见，提高决策的正确性

  B. 日常事务管理不宜采用委员会的管理方式

  C. 委员会容易导致时间上的延误

  D. 委员会一般只活跃于组织的中间层和基层管理者之间

3. 下列（　　　）应该采取群体决策方式。

  A. 确定长期投资于哪一种股票　　　　B. 签署一项产品销售合同

  C. 选择某种新产品的上市时间　　　　D. 决定一个重要副手的工作安排

4. 如果你是一家公司的经理，当你发现公司中存在许多小团体时，你的态度是（　　　）。

A. 立即宣布这些小团体为非法，予以取缔

B. 正视小团体的客观存在，允许乃至鼓励小团体的存在，对其行为加以积极引导

C. 只要小团体的存在不影响企业的正常运行，可以对其不闻不问，听之任之

D. 深入调查，找出小团体的领导人，向他们发出警告，不要再搞小团体

5. 解决直线管理人员与参谋间冲突的一个主要方法是（　　）。

A. 赋予直线管理人员参谋职权

B. 把直线管理人员与参谋的活动结合起来

C. 允许直线管理人员压制参谋人员

D. 让直线管理人员更多地依靠参谋人员

6. 企业管理者对待非正式组织的态度应该是（　　）。

A. 设法消除　　　　B. 积极鼓励　　　　C. 善加引导　　　　D. 严加管理

7. 如果你是公司的总经理，你将授予哪种人以决策和行动的权力？（　　）

A. 参谋人员　　　　B. 一线员工　　　　C. 咨询人员　　　　D. 直线管理人员

8. 在组织中，直线管理人员与参谋在确保企业有效运作上存在以下哪种关系？（　　）

A. 领导与被领导　　　　　　　　B. 命令与服从

C. 负直接责任与协助服务　　　　D. 一般协作同事

9. 一般说来，非正式组织最不可能满足（　　）。

A. 生理的需要　　　　　　　　B. 自我实现的需要

C. 自尊的需要　　　　　　　　D. 归属的需要

10. 下列关于直线管理人员和参谋说法不正确的是（　　）。

A. 必须授予参谋行动和决策的权力，以发挥其作用

B. 参谋的作用发挥失当，应该予以取消

C. 设置参谋职务，是管理现代组织的复杂活动所必需的

D. 向参谋授权必须谨慎，授予之后也应该经常亲自指挥

11. 企业中有很多非正式组织。这些非正式组织的内部凝聚力很强，经常利用工余时间活动。对于这些非正式组织，企业的管理者通常采用不闻不问的态度。认为员工在业余时间的活动不应该受到干预，而且员工有社交的需要，他们之间形成非正式组织是很正常的事情。你如何评价这种看法？（　　）

A. 正确，因为人都是社会人

B. 正确，因为非正式组织对正式组织的影响是双方面的。为了避免它的负面作用，领导者最好不要干涉

C. 不正确，非正式组织与正式组织的影响是双向的。为了使非正式组织在正式组织中发挥正面的作用，领导者应该策略性地利用非正式组织

D. 不正确，非正式组织通常是小道消息传播和滋生的土壤，应该抑制这种组织的发展

12. 某大学毕业的一名 MBA 学员小王，1995 年到一家私营企业工作。当时，这家企业刚创立不久，小王被分配到 H 省担任销售主管。几年来，小王工作热情很高，全身心地投入，销售业绩连年增长，小王也多次获得晋升。1998 年小王再次被提升为大区主

管，负责 7 个省的销售工作，工资收入也达到年薪 30 万元。最近，小王却准备离开公司了。同学们询问原因时，小王解释说："现在我所在的这家公司可以说缺少谁都可以正常运转，我只是这部高速运转的机器中的一个零件。"根据小王的说法，你对他所在公司的发展情况有何判断？（　　　）

    A. 公司的发展潜力不大，因为公司失去了创业初期的活力

    B. 公司会面临人才危机

    C. 无法做出判断

    D. 公司已经步入正轨，有了较健全的组织体系和制度规范

13. 当下，团队管理面临的挑战有（　　　）。

    A. 管理全球团队　　　　　　　　B. 团队建设职能

    C. 理解社会网络　　　　　　　　D. 以上都是

14. 在某条交通流量很大的公路上，由于山洪暴发，交通受阻，被困的几十辆汽车的司机们很快自愿地组合起来，有的拿起手机通知交通部门请求援助，有的寻找清理工具，有的安排食宿，大家有条不紊、齐心协力开展工作。对于上述司机的行为和活动，你最倾向于以下哪一种评价？（　　　）

    A. 他们只是一个临时性的群体，与企业中的非正式组织没有什么不同

    B. 这些司机事实上已经形成了一个组织，因为他们为实现共同目标而组成了一个有机的整体

    C. 受困的司机中大部分都具有奉献精神，否则不可能有这样的情况发生，因此在招聘员工时应把员工的奉献精神放在首位

    D. 当紧急事件产生时，人们会自动地组合起来，并快速地进行有效的分工。管理者如果经常制造紧急事件，一定会提高组织的工作效率

选择题参考答案

1. ABD　　2. D　　3. ACD　　4. B

5. B　　6. C　　7. D　　8. C

9. A　　10. ABD　　11. C　　12. D

13. D　　14. B

四、名词解释

1. 正式组织　　　　　　2. 非正式组织

3. 直线关系　　　　　　4. 参谋关系

5. 社会堕化　　　　　　6. 冲突

7. 规范　　　　　　　　8. 团队

9. 角色　　　　　　　　10. 委员会

11. 组织文化

名词解释参考答案

1. 正式组织是指有明确的目标、任务、结构、职能以及由此而决定的成员间的责权关系，对个人具有某种程度的强制性的组织。

2. 非正式组织是指在正式组织展开活动的过程中，一些无形的、与正式组织有联系但又独立于正式组织的小群体。

3. 直线关系是一种命令关系，是上级指挥下级的关系。这种命令关系自上而下，从组织的最高层，经过中间层，一直延伸到基层，形成一种等级链。

4. 参谋关系是一种服务和协助的关系，授予参谋人员的是思考、筹划和建议的权力。

5. 社会惰化指的是个体在群体中工作不如单独工作时那么努力的倾向。

6. 冲突是指由某种不一致或对立状况所导致的不协调或差异。

7. 规范是群体成员共同接受和认可的标准或期望。

8. 团队是由通过积极协作、技能互补来努力完成某个特定的共同目标的成员组成的群体。

9. 角色是指在一个群体中，人们对于占据特定位置的个体所期望的一套行为模式。

10. 委员会是指在企业中设立的就企业经营管理中的重大问题协助厂长（经理）决策的组织机构。

11. 组织文化是指被组织成员共同接受的价值观念、工作作风、行为准则等的总称。

五、论述题

1. 论述如何正确发挥参谋的作用。

2. 论述组织中参谋发挥作用的方式有哪几种。

3. 论述群体决策的优势。

4. 论述正式组织和非正式组织的区别。

5. 论述如何有效地利用非正式组织。

6. 论述委员会的工作方式有何贡献，如何提高委员会的工作效率。

论述题参考答案

1.（1）明确职权关系；

（2）授予必要的职能权力；

（3）向参谋提供必要的条件。

2.（1）参谋向直线下属传达信息、提出建议，并告诉后者如何利用这些信息，应采取何种活动。这时，参谋与直线的关系仍然没有发生本质的变化。参谋仍然无权直接向直线下属下达命令，只是就有关问题与他们商量，提出行动建议。如果直线下属不予理睬或不予重视，则需要由直线上司来发出行动指示。

（2）直线上司授权参谋直接向自己的下属传达建议和意见，取消自己的中介作用，以减少自己不必要的时间和精力耗费，并加快信息传递的速度。

（3）参谋向他们的直线上司提出意见或建议，由后者把建议或意见作为指示传达给下级直线机构。这是纯粹的参谋形式，参谋与低层次的直线机构不发生任何联系。

（4）直线上司把某些方面的决策权和命令权直接授予参谋部门，即参谋不仅建议直线下属应该怎么做，而且要求他们在某些方面必须怎么做。这时，参谋的作用发生了质的变化，参谋不仅要研究政策建议或行动方案，而且要负责方案的实施和组织政策的执行。

3.（1）提供更全面更完整的信息。

（2）产生更多的备选方案。

（3）提高方案的可接受性。

（4）提高方案的合理性。

4.（1）正式组织的活动以成本和效率为主要标准，要求组织成员为了提高活动效率和降低成本而确保形式上的合作，并通过物质与精神方面的奖励或惩罚来引导组织成员的行为。正式组织靠理性来维系。

（2）非正式组织则主要以感情和融洽的关系为标准。它要求其成员遵守共同的、不成文的行为规范。不论这些行为规范是如何形成的，非正式组织都有能力使其成员自觉或不自觉地遵守。对于那些自觉遵守和维护规范的成员，非正式组织会欢迎、赞许和鼓励，而对于那些不愿自觉遵守和维护规范的成员，非正式组织则会对其进行惩罚。因此，维系非正式组织的，主要是感情上的因素。

5.（1）利用非正式组织，首先要认识到非正式组织存在的客观必然性和必要性，允许乃至鼓励非正式组织的存在，为非正式组织的形成提供条件，并努力使之与正式组织的发展相契合。

（2）通过建立和宣传正确的组织文化来影响非正式组织的行为，引导非正式组织做出积极贡献。

6.委员会工作方式的贡献在于：

（1）代表各方利益，引导成员做出贡献；

（2）协调各种职能，加强部门间合作；

（3）综合各种意见，提高决策的正确性；

（4）组织参与管理，调动执行者的积极性。

提高委员会工作效率的措施：

（1）选择合格的委员会成员；

（2）确定适当的委员会规模；

（3）审慎使用委员会这种形式；

（4）发挥委员会主席的作用；

（5）考核委员会的工作。

六、案例

走遍世界

很多人都喜欢旅游。对于那些真正到国外旅游的人来说，旅游指南非常有帮助。孤独星球出版社（Lonely Planet）在提供准确的最新旅游指南上颇有建树，该公司提供的旅游指南陪伴过全世界几百万旅行者。

孤独星球出版社是1971年由托尼·韦勒和他的妻子莫林创立的。托尼在伦敦完成学业后，决定在开始工作之前来一场冒险之旅。于是，他和莫林带上几张地图驾车横穿亚欧大陆，行至阿富汗时卖掉了车子。从那之后，他们利用当地的公共汽车、火车、小船甚至是搭顺风车，就这样在每日6澳元的预算下一路前行。最终，他们于

1971 年的节礼日抵达悉尼。他们的计划是在悉尼找一份工作，直到他们能够赚够回到伦敦的旅费。然而，他们无意间发现很多人对于他们的旅行经历非常感兴趣。在朋友的鼓动下，他们出版了一本名为《便宜走亚洲》(*Across Asia on the Cheap*) 的书。在一周内，他们完成了这本 96 页的书，并成功在悉尼的书店上架，销售了 1 500 本，孤独星球出版社也就此诞生。他们从第一本书中赚够了再次横穿亚洲的旅费，并出版了他们的第一本旅游指南《鞋带上的东南亚》(*South-East Asia on a Shoestring*)。由托尼和莫林撰写的一系列旅游指南为他们带来了足够的收入，足以支付他们自身的旅费和印刷费，但也只是不盈不亏。他们希望出版一本 700 页的旅游指南《印度》(*India*) 的决定几乎压得他们喘不过气，但这本书获得了极大的成功，为孤独星球出版社的未来发展提供了稳定的经济来源。最终，他们得以招聘一些编辑、制图员和作家，而这些员工都是基于合同以个人的团队项目形式开展工作的。

那么，孤独星球出版社是如何制作指南书这类产品的呢？这一切都源于工作团队。责任编辑分别负责某个特定的地理区域，并负责委派当地的撰稿者为孤独星球出版社的旅游产品提供内容，包括数字产品和印刷出版的产品。责任编辑会对某个目的地进行一番彻底的调查，以了解旅行者在寻找些什么——什么是关注点，什么不是关注点。责任编辑也会从这方面的专家和当地的专家那里获取信息。基于这些信息，责任编辑会为撰稿者写一份简要说明。然后，责任编辑将任务委派给这些自由撰稿者，他们通常会在收拾行囊出去旅行之前作大量的旅行前期调查。带着这些简要说明、一个笔记本和一台笔记本电脑，撰稿者就开始了他们的行程，在某一地点开始费尽心血地开展基础工作。在总结调查结果后，他们就开始撰写稿件了，并且必须在截止日期之前完成。一旦完成了稿件的撰写，责任编辑和孤独星球出版社总部的编辑就得开始忙活了，他们需要确认稿件符合公司的标准风格和质量要求。根据这些撰稿者的材料，制图员开始制作新的地图。与这些编辑一同工作的还有版式设计者，他们将这些文字、地图和图片组合在一起。设计团队和形象研究人员着手设计封面和图片部分。然后，由校对员确保没有印刷或排版错误。随后，书稿将被送往印刷厂进行印刷和装订并送往书店销售。

从简陋的自行出版旅游指南开始，孤独星球出版社已经成长为世界上最大的独立旅游指南出版商。托尼和莫林意识到企业的发展需要一位能够为未来发展提供必要资源的合作伙伴，尤其是在数字化领域。英国广播公司旗下的商业子公司 BBC World Wide 成为他们的合作伙伴，如今该公司已经收购了孤独星球出版社。

资料来源：斯蒂芬·罗宾斯，玛丽·库尔特.管理学：第 13 版.北京：中国人民大学出版社，2017.

思考题

1. 在一家由独立合同工组成的组织中，打造一支高效团队将会面临哪些挑战？管理者应该如何应对这些挑战？

2. 为什么团队工作对孤独星球出版社的商业模式而言至关重要？

3. 你认为对于孤独星球旅游指南团队而言，高效团队的什么特征最为重要？请解释。

案例思考题参考答案

1. 面临的挑战有：

第一，组织文化整合。承包商缺乏对公司文化的认同，承诺水平低。同时，承包商有自己的目标和任务，难以使团队成员相互信任并促进他们之间的沟通，以及将员工整合到公司文化中。

第二，实现组织成员之间的有效合作。独立合同工之间了解不多，难以建立非正式网络。尽管他们各自拥有特定的技能，但他们需要通过合作来实现最终目标。

应对挑战的做法：

第一，提供资源。给团队时间和必要的资源以开发产品或技术。

第二，设定目标。建立共同关注的清晰目标，使成员为愿景合作。

第三，建立组织文化。强调团队合作。

第四，成为领导者。扮演教练和促进者，提供指导和支持。

第五，建立沟通平台。分享信息和观点、提供反馈、消除误解，快速分享观点与态度。

2. 孤独星球出版社不可能独自编写全球旅游指南，因此需要与编辑、写作者、绘图员、版面设计者等合作完成。这种团队工作模式节约了时间和成本，提高了旅游产品的质量和数量，充分发挥了每个人的潜能。可以说，正是因为恰当运用了团队工作的商业模式，孤独星球出版社才能在众多旅游指南出版商当中脱颖而出，成为世界上最大的独立旅游指南出版商之一。

3. 高效团队的特征包括清晰的目标、相关的技能、相互的信任、统一的承诺、良好的沟通、谈判的技能、恰当的领导、内部支持、外部支持。孤独星球出版社具备了清晰的目标、外部支持和相关技能，签订合同时确认了统一的承诺、谈判的技能和内部支持。但由于使用外部合同工，外部支持效果更好，而由于外部合同工承诺水平较低，良好的沟通、相互的信任和恰当的领导最为重要，能够提高团队对项目的专注程度。

第 11 章　领导理论

第一部分　知识点

一、关键知识点

1. 领导、领导者的含义
2. 领导与管理
3. 领导者权力的来源
4. 领导的特质
5. 领导行为理论
6. 费德勒的领导权变理论
7. 情境领导理论
8. 路径－目标理论
9. 领导者－成员交换理论
10. 交易型－变革型领导
11. 魅力型－愿景型领导
12. 信任概念的五个维度

二、知识点精解

1. 领导和领导者

领导是一个在特定的情境中，通过影响个体或群体的行为来努力实现目标的过程。而领导者是指能够影响他人并拥有管理职权的人。从理论上说，所有的管理者都应该是领导者。但领导者不一定是管理者。组织中有很多非正式的领导者。

2. 领导特质理论

基本观点：识别领导者某些共有的特征，分离出领导者特质。即识别把领导者从非领导者中区分出来的个性特点。研究者发现了与领导者相关的七种特质，见表11-1。

表11-1　领导者的特质

特质	具体内涵
内在驱动力	领导者表现出很高的努力程度。他们具有相对较强的成功欲望，进取心强，精力充沛，对自己所从事的活动坚持不懈、永不放弃，并表现出主动性
领导欲	领导者有强烈的欲望去影响和领导他人。他们乐于承担职责
诚实与正直	通过成为诚实可靠的人并表现出言行一致，领导者建立起与下属之间的信任关系

续表

特质	具体内涵
自信	下属觉得领导者不应怀疑自己的能力。因而，领导者需要表现出强烈的自信，以使下属相信自己制定的目标和决策的正确性
智慧	领导者需要具备足够的智慧来收集、整理和解读大量的信息，而且他们应当能够制定愿景、解决问题和制定正确的决策
工作相关知识	有效的领导者应当十分熟悉本公司、本行业以及相关技术事项。渊博的知识使领导者能够制定睿智的决策，并了解这些决策的意义和影响
外向性	领导者是精力充沛、充满活力的人。他们善于交际、坚定果断，而且很少沉默寡言或孤僻离群

领导特质理论的不足：忽视了领导与下属的互动，忽视了情境因素。

3. 领导行为理论

主要观点：找到决定领导力的关键行为因素，然后就可以培养领导者。领导行为理论的主要代表见表 11-2。

表11-2　领导行为理论的主要代表

主要研究	具体内容
艾奥瓦大学的研究	● 独裁型风格：具体规定工作方法，单方面制定决策，并且限制员工参与 ● 民主型风格：在决策时考虑员工，向员工授权，并且把反馈作为指导员工的机会 ● 放任型风格：让群体以它自认为最合适的方式制定决策和完成工作
俄亥俄州立大学的研究	● 定规维度：为了实现目标，领导者界定和创建自己与下属角色的程度 ● 关怀维度：领导者在工作中尊重下属的看法与情感，并获得下属信任的程度
密歇根大学的研究	● 生产导向：工作的任务层面 ● 员工导向：强调人际关系
管理方格论	● 两个维度：关心员工与关心生产 ● 五种典型的管理风格：贫乏型、任务型、中庸之道型、乡村俱乐部型、团队型

4. 费德勒的领导权变理论

主要观点：领导效能取决于以下两个方面：与下属互动的风格、领导能够控制和影响情境的程度。

该理论立足于这样一个前提假设：在不同的情境中，总有某种领导风格最为有效。关键是要界定这些领导风格以及不同的情境类型并确定风格与情境的正确组合。

费德勒确定了三个情境变量：领导者－成员关系、任务结构、职务权力。

领导者－成员关系指员工对其领导者的信赖、信任和尊重程度。评价为好或差。

任务结构指工作任务的规范化和结构化程度。评价为高或低。

职务权力指领导者对招聘、解雇、处分、晋升、加薪等工作的影响程度。评价为强或弱。

费德勒的领导权变理论见图 11-1。当领导处于Ⅳ、Ⅴ、Ⅵ情景时，采取关系取向的领导方式组织绩效较高。当处于其他情景时，适合采取任务取向的领导方式。

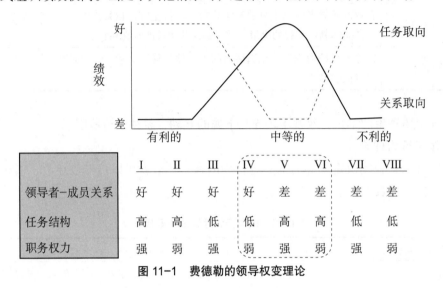

图 11-1　费德勒的领导权变理论

5.情境领导理论

主要观点：根据下属的成熟度选择恰当的领导方式，随着下属成熟度的提高，领导者要不断降低对他们活动的控制程度，还要减少关系行为，情境领导理论模型图见图 11-2。

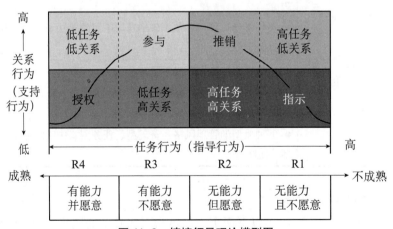

图 11-2　情境领导理论模型图

如果下属处在 R1 阶段（没有能力且不愿意去完成某项任务），那么领导者需要采用指示型风格，提供明确、具体的指示。

如果下属处于 R2 阶段（没有能力但有意愿），领导者需要采用推销型风格，表现出高水平的任务导向以弥补下属能力的欠缺，并且表现出高水平的关系导向以使下属接受领导者的意愿。

如果下属处于 R3 阶段（有能力但不愿意），领导者需要采取参与型风格来获得下属的支持。

如果下属处于 R4 阶段（有能力和意愿），领导者并不需要做太多事情，应当采用授权型风格。

6. 交易型领导与变革型领导

交易型领导：通过奖励下属来指导或激励他们努力实现既定目标；澄清工作角色与任务要求，指导并激励下属朝既定目标前进。

变革型领导：鼓励下属为了组织利益而超越自身利益；对下属产生超乎寻常的深远影响；关注每一个下属的兴趣所在；改变下属对问题的看法；激励、调动和鼓舞下属为实现群体目标付出更大的努力。

7. 魅力型领导

魅力型领导指领导热情、自信，其人格魅力和行动能够影响人们以某些特定的方式行事。

魅力型领导者的人格特征：

- 能够清晰生动地描述愿景；
- 为了实现目标勇于冒险；
- 对环境限制及下属需要十分敏感；
- 行为表现常常超乎常规。

8. 领导权力的来源

领导权力的来源见表 11-3。

表11-3　领导权力的来源

权力来源	具体内涵
法定权力	领导者在组织中因身处某个职位而获得的权力
强制权力	惩罚或控制
奖赏权力	奖赏对方看重的任何东西
专家权力	基于专业技术、特殊技能或者知识而产生的权力
感召权力	源自个人所具备的令人羡慕的资源或人格特点 来自对一个人的敬重，希望自己成为那样的人

9. 性别与领导

研究表明：男性与女性的领导风格不同。女性倾向于民主型风格，鼓励参与，共享权力与信息，并致力于提高下属的自我价值。男性则更乐于使用指示、命令加控制型的领导风格。

第二部分 习题与案例

一、填空题

1.费德勒的领导权变理论提出了三个权变维度,是领导者－成员关系、_____、_____。

2.在情境领导理论中,属于参与型领导风格的是_____导向、_____导向;领导者与下属共同决策,领导者的主要角色是促进和沟通。

3.在领导过程中,领导者可以从_____、_____、一致性、_____、开放性五个维度出发,创建下属对自己的信心和信任。

4.管理方格理论使用_____(方格纵轴)和_____(方格横轴)两个行为维度,并利用数字1到9来评估领导者对这些行为的使用程度。

5.费德勒领导权变理论指出组织的效率取决于两个变量_____和_____的相互作用。

6.乡村俱乐部型管理_____关注生产和_____关注员工。

7.领导理论可以分为三大类,它们是_____、_____、_____。

8._____赋予领导者正式职位与权力。

9.在路径－目标模型中,环境的权变因素有_____、_____、_____。

填空题参考答案

1.任务结构 职务权力

2.低任务 高关系

3.正直 胜任力 忠诚

4.关注员工 关注生产

5.领导者风格 对情境的控制和影响程度(情境的有利性)

6.低度 高度

7.领导特质理论 领导行为理论 领导权变理论

8.组织

9.任务结构 工作群体 正式职权系统

二、判断题

1.豪斯确定了四种领导行为:指示型领导、授权型领导、参与型领导、成就导向型领导。( )

2.领导是建立在合法的、有报酬的和强制性权力的基础上对下属命令的行为。( )

3.专权型领导是指领导者个人决定一切,命令下属执行。这种领导者要求下属绝对

服从，并认为制定决策是自己一个人的事情。（　　）

4. 管理方格理论中，中庸之道型的领导方式既重视人，也重视生产任务，保持和谐与协作，在完成组织目标的同时满足个人需要。（　　）

5. 员工导向的领导者与高水平的群体生产率及更高的工作满意度正相关。（　　）

6. 领导者表现出很高的努力程度，这是其内在驱动力的外化。（　　）

7. 独裁型领导者单方面制定决策，并把反馈作为教导员工的机会。（　　）

8. 密歇根大学通过研究，利用管理方格理论得出了五种不同的管理风格。（　　）

9. 领导者与他人的不同在于他有着强烈的欲望去影响和领导他人，乐于承担责任。（　　）

10. 在领导风格的研究中，有人认为个体的领导风格是一成不变的，所以很难靠个体自身获得改进，只能靠从外界引入新的领导者或者改变情境以适应领导者。（　　）

判断题参考答案

1. × 　2. × 　3. √ 　4. × 　5. √
6. √ 　7. × 　8. × 　9. √ 　10. √

三、选择题

1. 下列（　　）不是领导的核心特质之一。
　　A. 内在驱动力　　　B. 开发能力　　　C. 工作相关知识　　　D. 诚实与正直

2. 领导方式可以分为独裁、民主、放任三种，其中民主型领导方式的主要优点是（　　）。
　　A. 纪律严格，管理规范，赏罚分明
　　B. 员工关系融洽，员工工作积极主动，富有创造性
　　C. 按规章管理，领导者不运用权力
　　D. 组织成员具有高度的独立自主性

3. 在管理方格图中，（　　）是指领导高度关心生产，很少关心人，为达到生产目的，常常会强制人们去完成必要的任务。
　　A. 任务型管理　　　　　　　　B. 团队型管理
　　C. 贫乏型管理　　　　　　　　D. 乡村俱乐部型管理

4. 一份英国杂志比较了欧洲各国经理的习惯和处事方法后得出这样的结论：法国经理最"独裁"，意大利经理最"无法无天"，德国经理最"意气用事"，英国经理最不能"安于位"。各国经理的习性和处事方法不同，最有可能是因为（　　）。
　　A. 各国文化传统不同　　　　　B. 各国天气不同
　　C. 各国经济发展不同　　　　　D. 各国教育体制不同

5. 领导者角色理论中，"在组织和环境中寻求机会，制订改进方案来从事变革；对某些方案的设计进行监督"是对（　　）角色的描述。
　　A. 发言人　　　B. 故障排除者　　　C. 传播者　　　D. 企业家

6. 领导者－成员交换理论认为，（　　）下属不容易被领导者划入圈内。
　　A. 性格外向的　　　　　　　　B. 有能力的

C. 性格内向的　　　　　　　　　　D. 与领导者个人特点相似的

E. 与领导者观念相似的

7. 热情、自信，其人格魅力和行动能够影响人们以某些特定的方式行事的领导指的是（　　）领导。

A. 愿景型　　　　　　B. 变革型　　　　　　C. 魅力型　　　　　　D. 交易型

8. 彼得·德鲁克说，如果你理解管理理论，但不具备管理技术和管理工具的运用能力，你还不是一个有效的管理者；反过来，如果你具备管理技巧和能力，而不掌握管理理论，那么充其量你只是一个技术员。这句话说明（　　）。

A. 有效的管理者应该既掌握管理理论，同时具备管理技巧与管理工具的运用能力

B. 有效的管理者应该注重管理技术与工具的运用能力，而不必注意管理理论

C. 如果理解管理理论，就能成为一名有效的管理者

D. 是否掌握管理理论对管理者工作的有效性来说无足轻重

9. 领导权变理论认为，被领导者群体的特点包括（　　）。

A. 群体的构成　　　　　　　　　　B. 群体的工作关系

C. 群体的人际关系　　　　　　　　D. 群体的特点

E. 群体的整体水平

10. 领导权变理论的研究重点在（　　）。

A. 领导者的个性特质

B. 领导者、被领导者的行为和领导环境的关系

C. 领导者的影响力

D. 不同领导行为和领导风格对领导绩效的影响

选择题参考答案

1. B　　2. B　　3. A　　4. A

5. D　　6. C　　7. C　　8. A

9. ABCD　　10. B

四、名词解释

1. 领导　　　　　　　　　　　2. 领导者

3. 放任型领导风格　　　　　　4. 定规维度

5. 员工导向　　　　　　　　　6. 交易型领导

7. 路径－目标理论　　　　　　8. 领导者－成员关系

9. 推销型领导风格　　　　　　10. 成就导向型领导

名词解释参考答案

1. 领导是一个在特定的情境中，通过影响个体或群体的行为来努力实现目标的过程。

2. 领导者是指能够影响他人并拥有管理职权的人。

3. 放任型领导风格是指领导会让群体以它自认为最合适的方式制定决策和完成工作。

4. 定规维度是指为了实现目标，领导者界定和创建自己与下属角色的程度。

5. 员工导向强调人际关系，关注下属的需要。

6. 交易型领导是指通过奖励下属来指导或激励他们努力实现既定目标；澄清工作角色与任务要求，指导并激励下属朝既定目标前进。

7. 路径－目标理论认为领导者的工作是帮助下属实现他们的目标，并提供必要的指导或支持来确保这些目标与群体或组织的目标兼容。

8. 领导者－成员关系是指员工对其领导者的信赖、信任和尊重程度。

9. 推销型领导风格是指高任务导向－高关系导向，领导者同时采取命令和支持的行为。

10. 成就导向型领导是指领导者设置有挑战性的目标，期望下属发挥出自身最佳水平。

五、论述题

1. 如何区分管理与领导？说说它们的差异。
2. 领导者权力的来源有哪几种？请具体说明。
3. 当今领导面临哪些重大事项？
4. 下属能否显著影响领导者的效力？
5. 管理者为什么应当成为领导者？

论述题参考答案

1. 第一，两者的权力来源不同。管理的权力来自组织结构，是建立在合法的和强制的权力基础上的；领导的权力可以来源于其所在职位，即组织结构的权力，也可以来源于个人，如专家的权威性或个人的魅力等。

第二，两者的主要功能不同。管理是为了维持秩序，在一定程度上实现预期计划，使事物能够高效地运转，如实现股东们要求的回报，满足顾客的需求。领导则能带来变革，比如实现组织生产方式的创新。

第三，两者的职能范围不同。从管理过程理论来说，领导是管理的一个部分，管理除了领导职能，还包括决策、组织和控制职能。

2. 权力的来源有五种。

第一，法定权力。这种权力是指职位和角色是法定的、公认的正式权力。

第二，强制权力。这是一种惩罚的权力。假如下属无法达到工作要求，将会被领导处罚。以上三种权力是与领导者的职位相关的，其在组织中的职位赋予了他们奖赏、惩罚和指挥下属的权力，因此被统称为职位权力。

第三，奖赏权力。这是一种能够对他人进行奖赏的权力，奖赏的力量随着下属认为领导可以给予更多的奖励或去除更大的负面影响而增强。

第四，专家权力。该权力产生于领导者个人的专业技术、特殊技能或者知识，当领导者是相关领域的专家，拥有更多的经验和知识时，下属会更为信服。

第五，感召权力。源于领导者个人的特征，包括行为方式、魅力、背景等，其基础是下属对领导者这些特征的认同，认同度越高，感召权力越大。

3. 21 世纪，领导者确实面临一些重大事项，其中包括对权力的管理、创建信任、跨文化领导、员工授权、如何成为有效的领导者等。

4. 领导者发挥能力使得下属完成组织目标，而目标的完成情况最终决定了领导者的成功程度。不过，若下属并不具备必要的技能或知识来完成工作任务，那么领导者的效力就会受到影响。

5. 领导者是指在正式的社会组织中经合法途径被任用而担任一定领导职务、履行特定领导职能、掌握一定权力、肩负某种领导责任的个人。管理者通过别人来完成工作，通过做出决策、分配资源、指导别人的活动从而实现工作目标。所以管理者应当成为领导者，更好地发挥领导作用，获得下属的信任与拥护，尽快实现组织目标。

六、案例

逐渐巩固了领导地位的首席执行官

　　和美国硅谷的许多高科技公司一样，土星电脑公司以火箭般的速度发展，但也面临着来自东海岸大公司的激烈竞争。公司刚成立时，高层管理人员穿着 T 恤衫和牛仔裤来上班，谁也分不清他们与普通员工有什么区别。然而当公司在财务上出现了困境，局面开始有了较大改变。原先那个自由派风格的董事会主席虽然留任，但公司聘请了一位新的首席执行官琼斯。琼斯来自一家办事古板的老牌公司，他照章办事，十分传统，与土星公司的风格相去甚远。公司管理人员对他的态度是看看这家伙能待多久。看来，冲突矛盾是不可避免的。

　　第一次公司内部危机发生在新任首席执行官首次召开高层管理会议时。会议定于上午8点半开始，可有一个人9点钟才进入会议室。西装革履的琼斯瞪着那个迟到的人，对大家说："我再说一次，本公司所有的日常公事准时开始，你们中间谁做不到，今天下午5点之前向我递交辞职报告。从现在开始到我更好地了解你们的那一天，你们的一切疑虑我都担待着。你们应该忘掉过去那一套，从今以后，就是我和你们一起干了。"到下午5点，10名高层管理人只有2名辞职。

　　此后一个月里，公司发生了一些重大变化。琼斯颁布了几项指令性政策，使已有的工作程序改弦易辙。从开始，琼斯就三番五次地告诫公司副总经理威廉，一切重大事务在向下传达之前必须先由他审批。他抱怨研究、设计、生产和销售等部门之间缺少合作。在这些面临挑战的关键领域，土星公司一直未能形成统一的战略。

　　琼斯还命令全面复审公司的福利待遇制度，然后将全体高层管理人员的工资削减15%，这导致公司一些高层管理人员向他提出辞职。研究部主任认为："我不喜欢这里的一切，但我不想马上走，开发电脑打败 IBM 对我来说太有挑战性了。"生产部经理也是个对琼斯的做法不满的人，可他的一番话颇令人惊讶："我不能说我很喜欢琼斯，不过至少他给我那个部门设立的目标能够达到。当我们圆满完成任务时，琼斯是第一个感谢和表扬我们干得棒的人。"

　　事态发展的另一方面是，采购部经理牢骚满腹。他说："琼斯要我把原料成本削减15%，他还拿着一根胡萝卜来引诱我，说假如我能做到，就给我丰厚的年终奖。但这简直就不可能，从现在起，我只能另找出路。"

　　琼斯对霍普金斯的态度却令人不解。霍普金斯是负责销售的副经理，被人称为"爱哭的孩子"。以前，他每天都到首席执行官的办公室去抱怨和指责其他部门。琼斯采取的办法是，让他在门外静等：见了他也不理会其抱怨，直接谈公司在销售上存在的问题。过了没多久，霍普金斯开始更多地跑基层而不是琼斯的办公室。

随着时间的流逝，土星公司在琼斯的领导下恢复了元气。公司管理人员普遍承认琼斯对计算机领域了如指掌，对各项业务制定的决策无懈可击。琼斯也渐渐地放松了控制，开始让设计和研究部门放手做事。然而，对生产和采购部门，他仍然"勒紧绳子"。土星公司内再也听不到关于琼斯去留的流言了。人们对他形成了这样的评价：琼斯不是那种对这里情况很了解的人，但他确实带领我们上了轨道。

资料来源：王凤彬，李东.管理学.4 版.北京：中国人民大学出版社，2011.

思考题

1.琼斯刚进入土星公司时所采取的领导方式和留任的董事会主席的领导方式分别是什么？

2.土星公司在进入正轨后，为适应多变和激烈的竞争形势，琼斯的领导方式将发生怎样的变化？

3.每一种领导方式在特定的环境下是否都有效？为什么？

案例思考题参考答案

1.分别是专制型和放任型。

2.琼斯的领导方式将变为以关系型领导为主，在某些场合也不放弃使用任务型的领导方式。任务型领导方式的领导者最关心的是工作任务的完成情况，把工作任务放在首位。关系型领导方式，又称以人员为中心的领导方式，这一类型的领导者把主要精力放在下属身上，关注他们的感情和相互之间的人际关系，以及员工个人的成长和发展。

3.每一种领导方式都有其发挥作用的特定环境，其适用的环境及原因如下：

第一，专制型的领导倾向于集权管理，采用命令方式告知下属使用什么样的工作方法，做出单边决策，限制员工参与。若组织处于一个稳定的内外部环境中，对于重复性和程序性工作的员工，只要他们遵守工作纪律，按照工作要求就可以有效地完成工作。在这种情境下，不需要下属参与决策，专制型的领导会是一种有效的领导方式。在组织受到外部环境的强大威胁、内部组织结构发生重大变革等情境下，专制型的领导方式也很适用。

第二，放任型的领导总体来说给员工充分的自由，让他们自己做出决策，并按照他们认为合适的做法完成工作。当下属完全有能力做好所分配的工作时，领导完全可以放手让他们去做。

总之，领导方式并不是一成不变的，要随着情境的变化而变化。

第 12 章　激　励

第一部分　知识点

一、关键知识点

1. 激励的定义
2. 动机的定义及关键因素
3. 行为的定义及构成要素
4. 行为过程的主要环节
5. 动机性行为的特点
6. 早期动机理论的主要观点
7. 当代动机理论的主要观点
8. 工作设计的主要方法
9. 三种奖励制度的内容
10. 四种人性假设的主要观点
11. 当代的激励问题
12. 常用的激励方法及其优缺点

二、知识点精解

1. 动机

动机是一个过程，体现了个体为实现目标而付出努力的强度、方向和坚持性。

动机产生于未得到满足的需求，未得到满足的需求引起个体的紧张，产生驱动力，驱使个体努力，从而使需求得到满足，紧张得到缓解。

2. 马斯洛的需求层次理论

马斯洛将个体的需求从低到高分为五个层次，见图 12-1。马斯洛认为，个体的需求是由低到高逐层上升的；人在同一时期只有一种需要。每个层次的需求得到满足后，才会激活下一个目标。

依据马斯洛的需求层次理论，管理者首先要确定员工的需求，通过满足员工的需求来激励员工。

3. 麦格雷戈的 X 理论与 Y 理论

X 理论认为员工没有雄心大志，不喜欢工作，只要有可能就会逃避责任，为了保证工作效果必须要严格监控。该理论假定较低层级的需要支配着个人行为。

Y 理论认为员工可以自我指导，他们接受甚至主动寻求工作责任，把工作视为一项

图 12-1 马斯洛的需求层次理论

自然而然的活动。该理论假设较高层级的需要支配着个人行为。

X 理论是一种消极的人性观点，依据 X 理论，管理者应该采取惩罚的方式管理员工，激励员工努力工作。而 Y 理论是一种积极的人性观点，依据 Y 理论，管理者应该采取奖赏的方式管理员工，激励员工努力工作。

4.赫兹伯格的双因素理论

赫兹伯格将激励员工的因素分为保健因素和激励因素。

保健因素主要是外在因素，与工作不满意相关。包括监督、公司政策、与主管的关系、工作条件、薪酬、与同事的关系、个人生活、与下属的关系、地位、稳定和保障。这些因素的存在并不能使员工满意，但是这些因素一旦不存在会导致员工不满意。

激励因素主要是内在因素，与工作满意相关。包括成就感、认可、工作本身、责任、进步、成长。这些因素的存在会是员工感到满意，但是这些因素不存在，也不会引起员工不满意。

赫兹伯格认为满意的对立面不是不满意，而是没有满意，不满意的对立面是没有不满意。

5.麦克利兰的三种需要理论

● 成就需要：追求卓越、争取成功。

● 权力需要：左右他人。

● 归属需要：建立友好和亲密的人际关系。

6.目标设置理论

主要内容：

（1）具体的目标会提高工作绩效。

（2）难以实现的目标一旦被人们接受，将会比容易达成的目标导致更高的工作绩效。

● 如果你定一个高得离谱的目标，就算失败了，那你的失败也在任何人的成功之上（卡梅隆）。

（3）参与目标设置很有意义。

● 提高目标的可接受性。

● 使得人们愿意为达到目标而努力。

（4）反馈很有用。

目标设置理论中的权变因素见图12-2。

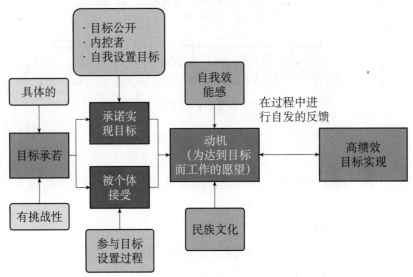

图 12-2　目标设置理论

（1）目标承诺。

● 假定个体既不会降低目标也不会放弃目标。

● 目标是公开的。

● 个体是内控类型。

● 目标是自我设定的而不是分派而来的。

（2）自我效能感。

● 个体对于自己能否完成任务的信念。

● 自我效能感水平越高，个体越自信能够成功完成任务。

（3）民族文化。

● 其主要思想脉络与北美文化相一致。

● 在其他文化中，目标设置不一定导致高绩效。

（4）反馈。

● 自我反馈具有强大的激励作用。

7. 强化理论

主要内容：行为是结果的函数，行为的诱因源自外部；行为出现之后马上给予积极强化，鼓励该行为重复出现；强化与组织目标一致的行为；重点是积极强化而不是惩罚。

8. 工作设计

激励性工作设计的方法见表 12-1。

表12-1　激励性工作设计的方法

方法	内容
技能多样性	指一项工作涉及多种活动从而使员工能够利用不同技能和才干的程度
任务完整性	指任务完整、可辨识
任务重要性	指一项工作对他人生活和工作的实际影响程度
工作自主性	一项工作在安排工作内容、确定工作程序方面实际上给员工多大的自由度、独立权和决定权
工作反馈	员工在完成任务的过程中，可以获得关于自己工作绩效的直接而明确的信息的程度
工作扩大化	扩大工作范围，横向拓展；扩大工作职能，纵向拓展
工作丰富化	增加计划和评估责任，纵向拓展 增强员工对自己工作的控制程度
关系取向的视角	假定关系对工作与结果影响重大 关注员工的任务和工作的完成如何日益依赖于各种社会关系
主动性视角	假定员工具有主动性 积极主动地改变自己的工作方式
高投入工作实践	假定员工积极投入 谋求更高程度的员工投入或工作实践

9. 公平理论

主要内容：员工会将自己的所得与付出和参照对象的所得与付出进行对比，从而确定是否公平。

当自己的所得与付出的比值等于参照对象的所得与付出的比值时，员工会感到公平。

当自己的所得与付出的比值小于或大于参照对象的所得与付出的比值时，员工会感到不公平。

参照对象：

- 他人：从事类似工作的其他个体。
- 系统：组织中的薪酬政策与程序，以及这些制度的运作与管理。
- 自我：每个员工自己付出与所得的比值。

当员工感到不公平时，可能会采取以下几种做法：

- 曲解自己或他人的付出或所得。
- 采取某种行为使他人的付出或所得发生改变。
- 采取某种行为改变自己的付出或所得。
- 选择其他的参照对象进行比较。
- 离职。

10. 期望理论

主要内容：当人们预期某种行为能带给个体某种特定的结果，且这种结果对个体具有吸引力时，个体就倾向于采取这种行为。

期望（努力－绩效联系）：个体感到通过一定程度的努力可以达到某种工作绩效水平的可能性。

手段（绩效－奖励联系）：个体相信达到一定绩效水平后即可获得理想结果的程度。

效价（绩效－个体目标满足联系）：个体对达到某种预期成果的偏爱程度，或某种预期成果可能给个体带来的满足程度。

11. 激励不同类型的员工

针对不同类型的员工应该采取不同的激励方法，见表12-2。

表12-2　不同类型员工的激励方法

员工类型	激励方法
多元化的员工队伍	灵活性是激励多元化的员工队伍的关键，可以采取灵活的办公安排，如弹性工时、工作分享、远程办公等
专业人员	专业人员从他们的工作中获得巨大的满足感，他们通常收入较高，看重有挑战性的工作和组织对他们工作的重视和支持
灵活就业员工	这类员工的工作安全感低、稳定性和福利待遇差、组织认同度低。可以考虑采取如下激励措施： ● 提供成为长期工的机会 ● 提供培训的机会 ● 当长期工与短期工在收入方面存在明显差异时，让这些员工分开工作，或将他们之间的相互依赖程度降至最低，这样会帮助管理者减少潜在的问题
缺乏技能、工资最低的员工	● 制订员工表彰方案，表彰那些工作绩效好的员工，从而激励其他人表现得更好 ● 在服务性行业中通过给一线员工授权以解决顾客问题，将报酬与顾客满意度联系起来

第二部分　习题与案例

一、填空题

1. _____是对员工在工作中的行为进行激励和引导的前提。

2. 马斯洛将需求划分为五个层次：_____需求、_____需求、_____需求、_____需求、_____需求。

3. 期望理论的基础是_____，它认为每一个员工都在寻求获得最大的_____，该理论的核心是_____。

4.运用公平理论时，人们将通过两个方面的比较来判断其所获报酬的公平性，即_____和_____。

5.管理者在运用公平理论时，应当更多地注意_____与_____之间的合理性。

6.根据强化的性质和目的，可以分为_____和_____两大类型。

7.最优秀的管理者往往拥有较_____的权力需求和较_____的归属需求。

8.动机性行为的一般过程包括_____、_____、_____、_____和_____等环节。

9.人的行为过程包含了三类基本变量，即_____、_____和_____。

10.目标设置理论认为目标对人们努力程度的影响取决于_____、_____、_____、_____四个方面。

填空题参考答案

1.辨识需要

2.生理　安全　归属　尊重　自我实现

3.自我利益　自我满足　双向期望

4.横向比较　纵向比较

5.实际工作绩效　报酬

6.正强化　负强化

7.高　低

8.刺激　需要　动机　行为　目标

9.刺激变量　机体变量　反应变量

10.目标明确性　目标难易性　目标责任清晰度　目标接受度

二、判断题

1.人们参与社会活动追求的主要是经济方面的需要，因而金钱是激励个人的唯一手段。（　　）

2.马斯洛认为，只有当前面的需求得到充分的满足后，更高层次的需求才能显示出其激励作用。（　　）

3.需求的层次应该由其迫切性来决定。（　　）

4.期望理论中，员工判断的依据是员工个人的感觉。（　　）

5.个人实际能达到的绩效仅取决于其努力程度，与个人能力大小以及对任务的了解和理解程度无关。（　　）

6.X 理论代表了一种积极的人性观点，认为员工喜欢工作，他们接受甚至主动寻求工作责任来自我激励和自我指导，把工作视为一种自然而然的活动。（　　）

7.拥有高成就需求的人一定就是好的管理者。（　　）

8.只有在被接受的情况下，难以实现的目标才会导致更高的工作绩效。（　　）

9.强化理论不考虑诸如目标、期望、需求等因素，而只关注个体采取某种行动后产生的结果。（　　）

10. 超 Y 理论认为，当一个目标达到后，就可以激发人的胜任感，使之为达到新的更高目标而努力。（　　）

判断题参考答案

1.× 2.√ 3.√ 4.√ 5.×
6.× 7.× 8.√ 9.√ 10.√

三、选择题

1. 领导者根据激励理论激励员工时，必须针对下属的不同特点采用不同的方法，常用方法主要有（　　）。

A. 工作激励 　　　　　　　　　　B. 培训与教育激励
C. 批评激励 　　　　　　　　　　D. 成果激励

2. 要使工作的分配达到激励的效果，应使工作的能力要求（　　）执行者的实际能力。

A. 远高于 　　　B. 略低于 　　　C. 等于 　　　D. 略高于

3. 麦克利兰等提出的三种需要理论认为主要有三种后天的需要推动人们去工作，这三种需要包括（　　）。

A. 成就需要 　　　B. 归属需要 　　　C. 尊重需要 　　　D. 权力需要

4. 期望理论的关键在于要弄清目标以及（　　）联系。

A. 努力与绩效的联系 　　　　　　B. 目标满足与自我实现的联系
C. 奖励与个体目标满足的联系 　　D. 绩效与奖励的联系

5. 影响目标－绩效关系的因素有（　　）。

A. 反馈 　　　　　　　　　　　　B. 个人对目标的承诺
C. 民族文化 　　　　　　　　　　D. 自我效能

6. 公平理论包括（　　）。

A. 分配公平 　　　B. 福利公平 　　　C. 程序公平 　　　D. 尊重公平

7. 工作丰富化通过（　　）使工作纵向扩展。

A. 扩大工作范围 　　　　　　　　B. 增加工作任务的数量
C. 增加评估责任 　　　　　　　　D. 增加计划

8. 人性假设中具有代表性的观点有（　　）。

A. 经济人假设 　　　　　　　　　B. 复杂人假设
C. 自我实现人假设 　　　　　　　D. 社会人假设

9. 人际关系学说是梅奥最早提出的，梅奥通过（　　）发现：人是有思想、有感情、有人格的活生生的社会人，不是机器和动物。

A. 照明实验 　　　B. 霍桑实验 　　　C. 权威服从实验 　　　D. 群体实验

10. 员工个体之间具有极大的差异，员工类型包括（　　）。

A. 多元化的员工队伍 　　　　　　B. 缺乏技能、工资最低的员工
C. 灵活就业员工 　　　　　　　　D. 专业人员

11. 绩效工资方案指的是根据绩效来支付员工工资的浮动薪酬方案。计件工资方案、

奖励工资制度、利润分享和包干奖金都是这种方案的具体例子，绩效工资方案最符合（　　）的观点。

　　A. 公平理论　　　　B. 目标设置理论　　　C. 期望理论　　　　D. 需求层次理论

选择题参考答案

1.ABCD　2.D　3.ABD　4.ACD

5.ABCD　6.AC　7.CD　8.ABCD

9.B　10.ABCD　11. C

四、名词解释

1.激励　　　　　　　　2.动机

3.效价　　　　　　　　4.期望值

5.自我效能　　　　　　6.工作设计

7.工作扩大化　　　　　8.工作自主性

9.参照对象　　　　　　10.账目公开管理

11.员工认可计划

名词解释参考答案

1.激励是组织诱发个体产生满足某种需要的动机进而促使个体产生能促进组织目标实现的行为的管理过程。

2.动机指一个过程，体现了个体为实现目标而付出努力的强度、方向和坚持性。

3.效价指个体对达到某种预期成果的偏爱程度，或某种预期成果可能给个体带来的满足程度。效价同时考虑个体的目标和需求。

4.期望值指某一具体行动可带来某种预期成果的概率，即行为者采取某种行动，获得某种成果，从而带来某种心理上或生理上满足的可能性。

5.自我效能指的是员工认为自己能够完成某项任务的信念。

6.工作设计指的是将各种工作任务组合成完整的工作的方法。

7.工作扩大化指通过横向扩大工作范围，即一份工作所要求从事的任务数量及这些任务重复的频率，还包括扩大工作中使用的知识的范围。

8.工作自主性指一项工作在安排工作内容、确定工作程序方面实际上给员工多大的自由度、独立权和决定权。

9.参照对象指个体为了评估公平性而将自己与他人、系统或者自我进行比较，是公平理论中十分重要的变量。他人包括同一组织中从事类似工作的其他个体，包括朋友、邻居及同行。系统包括组织中的薪酬政策与程序以及这些制度的运作与管理。自我指的是每个员工自己。

10.账目公开管理指与员工共享信息，使员工更积极地做出有利于工作的决策，更好地理解自己的工作内容和工作方式对公司的意义，最终影响公司利润的方法。

11.员工认可计划指对员工的关注以及对出色的工作表现给予关注、赞扬和感谢，有效地向员工表示组织对他们的重视的方法。

五、论述题

1. 说明保健因素与激励因素的区别。

2. 论述目标设置理论的主要观点。

3. 当前有关工作激励的措施主要有哪些?

4. 论述当代主要的激励问题。

5. 在管理实践中,常用的激励方法有哪些?

论述题参考答案

1. 使人们感到不满意的因素往往都是属于工作环境或外界因素方面的,这些因素被称为保健因素。典型的保健因素有公司政策、薪酬、工作条件、稳定、人际关系、保障等。

使人们感到满意的因素往往都是属于工作本身或工作内容方面的,这些因素被称为激励因素。典型的激励因素有:成就感、工作本身、责任、进步、成长。

保健因素只能消除不满意,激励因素才是调动人们积极性的关键。当保健因素恶化到可以接受的水平以下时,人们会对工作产生不满;当保健因素很好时,人们并不会因此而产生积极的工作态度。当激励因素不足时,人们并不会对工作产生不满;当激励因素上升到一定的水平时,人们会产生积极的工作态度和对工作的满意感。

2. 目标设置理论认为,具体的工作目标会提高工作绩效,难以实现的目标一旦被员工接受,将会比容易达成的目标导致更高的工作绩效。

首先,努力实现一个目标是工作动力的主要来源,而目标对人们努力程度的影响取决于四个方面,即目标明确性、目标责任清晰度、目标难易性和目标接受度。同时,员工积极参与目标的设定也能提高工作绩效,而只有在被接受的情况下,难以实现的目标才会导致更高的工作绩效。

其次,在目标实现的过程中,工作绩效取决于组织支持和员工个人的能力与个性特点,良好的反馈也会使员工表现更佳。因此,为了帮助员工高效地达成目标,管理者必须为员工实现目标创造条件,如做好后勤支持、进行能力培训、协调好各方面关系、解决工作中遇到的困难等。

最后,目标实现后应让员工获得满意的内在报酬和外在报酬。内在报酬主要是由工作本身带来的,如对自我存在的意义、对自我能力的肯定等;外在报酬主要是工作完成以后外界给予的回报,如表扬、奖金、晋升等。

3. 主要有岗位轮换法、工作扩大法和工作丰富法。

岗位轮换法是让员工在预定时期内变换工作岗位,使其获得不同岗位的工作经验的激励方法。该方法不仅能丰富员工的工作经验,使员工明确自己的长处和弱点,找到适合自己的位置,而且可以增进员工对组织整体工作的了解,改善日后部门间的合作关系。岗位轮换法包括确定工作岗位的新员工轮换、培养多面手的老员工轮换以及培养经营骨干的管理人员轮换。

工作扩大法是指通过扩大岗位工作的范围、增加工作岗位的职责,消除员工因从事单调乏味的工作而产生的枯燥厌倦情绪,从而提高员工的工作效率,包括让员工承担同一层级更多种类工作的横向扩大和将经营管理人员的部分职能转由生产者承担的纵向扩大。

工作丰富法是指通过增加岗位的技术和技能的含量，使工作内容更具挑战性和自主性，以满足员工更高层次的心理需求，包括技术多样化、工作整体性、参与管理与决策、赋予必要的自主权以及注重信息的沟通与反馈。

4.第一，要在严峻的经济形势下激励员工。管理者必须意识到，经济形势是不断变化的，对员工的激励方式也应该随着经济环境的变化而变化，而要想在不稳定的经济形势下保持员工的工作积极性并确保员工朝着目标不断努力，就必须要有创新思维。

第二，设置合适的奖励制度。员工奖励制度在激励员工行为方面发挥着重大作用，包括账目公开管理、员工认可计划以及绩效工资方案等。

第三，激励独特的员工群体。不同需求、性格、技能、兴趣和态度的员工进入组织，对雇主的期望也不同，因此，管理者必须考虑如何有效激励独特的员工群体，包括激励多元化的员工队伍、专业人员、灵活就业员工以及缺乏技能且工资最低的员工。

第四，管理跨文化激励。不同的员工在动机方面存在很大的差异，大多数的动机理论是在美国发展起来的，这些理论具有北美人的文化倾向，马斯洛的需求层次理论、成就需求理论、公平理论等并不一定适用于其他文化。另外，跨文化一致性的存在也非常明显，员工对内在因素的看重具有一定的普遍性，例如，对所有员工来说，无论他们的民族文化是什么，工作的趣味性都十分重要。

5.常用的激励方法有工作激励、成果激励和综合激励。

工作激励是指通过合理设计与适当分配工作任务来激发员工内在的工作热情，包括工作扩大法、工作丰富法和岗位轮换法。

成果激励是指在正确评估员工工作产出的基础上给员工合理的奖励，以保证员工工作行为的良性循环，包括从满足员工的物质需要出发，对物质利益关系进行调节，从而激发员工工作积极性的工资、福利、员工持股计划等物质激励和满足员工精神方面需求的情感激励、荣誉激励、信任激励等精神激励。

综合激励是指除工作激励、成果激励以外的其他辅助性激励方法，如榜样激励、危机激励、培训激励和环境激励等。

六、案例

百思买的最佳实践

传统的工作场所是否奖励的是长时间工作的员工，而不是高效工作的员工？在一个工作场所中，员工无论什么时候想要工作或者怎么完成工作都可以，只要能够如期完成，这岂不是更加合乎情理？这就是百思买所尝试的方式。很明显，这项激进的工作场所实验对于员工激励来说意义重大，而对于公司来说更是一场有趣且富有启发的旅程。

2002年，布拉德·安德森，时任百思买首席执行官，推出了一项名为结果导向的工作环境（ROWE）计划。该计划由百思买的两位人力资源经理凯丽·雷斯勒和朱迪·汤普森发起。她们被要求在明尼苏达州的公司总部实施弹性工作计划,并将其推广到整个公司。尽管该计划取得了一些显著成效,包括员工敬业度和生产率的大幅提高,但也存在一个问题。参与该计划的员工被认为"没有在工作"。这是那些认为弹性工作制的员工实际上没有在工作的管理者所持有的普遍看法,因为他们认为这些员工并没有在传统的办公时间坐在办公室里工作。为了改变这种印象,这两位女士开始推行一项计划,管理者将根据员工工作的完成情况——只关注他们的结果——而不是根据他们的工作时间予以评估。

理解 ROWE 计划的首要任务不是理解其对工作进度的改变,而是对组织文化的改变,这远比改变工作进度困难得多。在安德森的鼓励和支持下,公司踏上了这一旅程,开始对整个工作场所进行彻底的改革。

实施 ROWE 计划的第一阶段是对公司总部进行文化审计,以了解员工对工作环境的看法。四个月后,再次进行文化审计,其间向百思买的高管介绍 ROWE 计划及其相关事宜,并获得他们的认同。第二阶段是向全体员工解释 ROWE 计划的理念,并对管理者进行培训,指导他们在工作场所中如何进行管理。第三阶段,各部门的工作团队可自由探索实施改变的方法。每个团队找到一种不同的方式来保持灵活性,同时避免混乱。例如,公关团队成员配备传呼机以确保紧急情况下可以保持联系;财务部员工使用软件将语音信箱转化为电子邮件,方便在家办公。四个月后,雷斯勒和汤普森再次进行文化审计,观察员工的工作方式。

那么,经过这次实验,百思买最终得到了什么成果?生产率提高了41%,并且员工自愿离职率从12%下降到了8%。他们还发现当员工敬业度提高时,年平均销售额提高了2%。员工表示,这种自由改变了他们的生活。ROWE 计划减少了工作家庭冲突,提高了员工对自身工作进度的掌控程度。ROWE 计划使得员工不再刻意地"数"工作了多长时间,而是将精力集中在完成工作上,无论耗费时间长短。对于他们而言,"工作是你要做的事情,而不是你要去的地方"。

虽然 ROWE 计划带来了很多积极的结果,但是百思买的现任首席执行官休伯特·乔里决定摒弃 ROWE 计划所带来的弹性工作环境。现在,公司的大多数员工被要求每周40个小时在办公室里以传统的方式办公,而不能自由选择什么时候以及在哪里工作。那么,雷斯勒和汤普森呢?如今她们成立了自己的人力资源咨询公司,将 ROWE 计划的想法传播到其他公司。

资料来源:斯蒂芬·罗宾斯,玛丽·库尔特.管理学:第13版.北京:中国人民大学出版社,2017.

思考题

1. 描述 ROWE 计划包含的要素。你认为这个计划有何利弊?

2. 运用本章中所提到的一个或多个动机理论来解释你为什么认为 ROWE 计划行之有效。

3. 对于管理者而言,在这样一项计划中激励员工可能会面临怎样的挑战?

案例思考题参考答案

1.ROWE 计划包含的要素：

第一，弹性工作制。第二，管理者根据员工的任务完成情况评估他们的结果。第三，改变组织文化。第四，从根据投入的时间改为根据工作结果来评价工作。

该计划的优点：第一，激发员工内在的主动性和成就需求。第二，提高员工的工作效率。第三，提高员工工作敬业度和满意度。第四，降低员工离职率。第五，使管理者聚焦于真正驱动本公司前行的事项。

该计划的缺点：第一，使管理者在某种程度上丧失对员工的控制力。第二，实施该计划要对组织文化进行变革，时间较长。第三，需要投入更多的培训时间。第四，增大监测和评估员工行为的难度。

2.ROWE 计划行之有效，原因在于其符合以下几个动机理论：

第一，Y 理论。Y 理论认为员工喜欢工作，他们接受甚至主动寻求工作责任，把工作视为一种自然而然的活动。ROWE 计划实行弹性工作制，公司信赖员工，认为员工能够很好地安排自己的工作时间，并有效地完成工作。员工获得弹性的工作时间后，有较大程度的自主性，能够获得有效的激励。

第二，目标设置理论。ROWE 计划充分运用了目标设置理论，给员工提供了参与目标及工作条件设定过程的机会，从而取得了良好的效果。

第三，期望理论。ROWE 计划使员工产生期望并获得结果。而且以结果为导向的工作环境所带来的自由的效价也很高，使公司有足够的吸引力激励员工努力完成任务。

3.弹性工作制使员工能更灵活地安排工作时间和地点，但这也增大了管理者评估员工工作投入的难度。由于没有传统的工作时间统计标准，对员工投入的评估、控制、责任分配等变得困难。此外，管理者放弃了对过程监督的权力，以结果评估代替，这可能导致他们在设定员工目标、确定薪酬标准以及选择激励方式时遇到困难。

第13章　沟　通

第一部分　知识点

一、关键知识点

1. 沟通的本质和功能
2. 沟通过程
3. 沟通的类型、渠道及其优缺点
4. 有效人际沟通的影响因素
5. 有效人际沟通的障碍及克服方法
6. 组织沟通的内涵
7. 组织沟通网络
8. 信息技术对沟通的影响
9. 当代沟通问题
10. 冲突的定义及特征
11. 冲突的原因及类型
12. 冲突的管理

二、知识点精解

1. 沟通

沟通指对信息的传递和理解。管理者做的每一件事都需要沟通。有效的沟通不等于意见一致，无效的沟通是许多问题的根源。

2. 沟通的功能

沟通具有以下四个方面的功能：

- 控制：将公司的规章制度告诉员工，让员工遵守。
- 激励：表扬员工。
- 情绪表达：表达和分享失落感和满足感。
- 信息传递：个体和群体都需要利用信息来完成组织中的工作任务。

3. 沟通的过程

沟通的过程见图 13-1。信息发送者将信息进行编码，然后通过媒介传递给信息接收者，接收者将编码的信息解码成自己能理解的信息，并反馈给发送者。

4. 评价沟通的方法

评价沟通的方法见表 13-1。

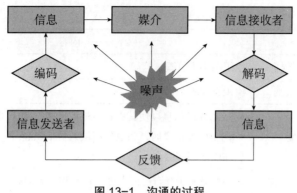

图 13-1　沟通的过程

表13-1　评价沟通的方法

评价方法	具体内涵
反馈潜能	信息接收者的反馈速度
复杂性能力	处理复杂信息的能力
潜在宽度	能同时传递多少不同的信息？
保密性	沟通各方能否确保所传递的信息只被信息接收者接收？
编码容易度	信息发送者能方便快捷地使用这一沟通方法吗？
解码便捷度	信息接收者能方便快捷地使用这一沟通方法吗？
时空限制	信息发送者和信息接收者是否需要在同一时间、同一地点进行沟通？
费用	成本多高？
人情味	能体现出人情味吗？
正规度	能符合正规的要求吗？
信息可得性	是否便于信息接收者阅读或浏览所传递的信息
处理信息的时间	信息发送者或信息接收者是否能够在最大限度内掌控信息处理的时间？

5. 非言语沟通

非言语沟通指不经由言语来进行的沟通，如肢体语言、语调。非言语沟通往往能够传递更为丰富、重要的信息。在进行沟通时，一定要注重非言语沟通。

肢体语言指传达意义的手势、脸部表情和其他身体动作。

语调指个体为表达特定的意思而对某些字词或短语的强调。

6. 沟通的障碍

沟通的障碍见表 13-2。

表13-2　沟通的障碍

障碍		内容
文化障碍	语言	同样的词汇对不同的人来说含义是不一样的
	民族文化	文化影响人们的交流方式

续表

障碍		内容
组织障碍	组织结构	组织结构不合理
	组织氛围	组织氛围不和谐
人际障碍	过滤	● 故意操纵信息以使其更容易被信息接收者认同 ● 向上传递信息时，为避免高层人员信息超载，信息发送者需要对信息加以浓缩和综合
	选择性知觉	人们所见所听受自己的态度、背景和经验的影响
	情绪	极端的情绪更可能阻碍有效的沟通
	信息超载	信息超过了个人的处理能力
	防卫	感觉受到威胁时做出的行为

7. 克服沟通障碍的方法

克服沟通障碍的方法见表 13-3。

表13-3　克服沟通障碍的方法

方法	内涵
克服认知差异	按信息接收者容易理解的方式选择用词和组织信息
控制情绪	暂停进一步的沟通直至恢复平静
积极倾听	● 听取说话者的完整意思而不做先入为主的判断或解读 ● 发展对信息发送者的共情，设身处地从他的角度来思考
重视反馈	如让信息接收者用自己的话复述某一信息，通过非言语线索探知对方的真实意图

8. 正式沟通与非正式沟通

正式沟通指在规定的指挥链或组织安排内发生的沟通，一般是以工作为目的的沟通。

非正式沟通指不受组织的层级结构限定的沟通，主要目的是促进员工社交。非正式沟通能够满足员工的情感需求，因此在一定程度上可以提升员工的积极性，进而提高组织绩效。但是非正式沟通也可以产生流言蜚语，伤害员工的工作积极性，进而降低组织绩效。

9. 正式沟通中的信息流向

正式沟通中的信息流向有四种，见表 13-4。

表13-4　正式沟通中的信息流向

信息流向	内涵
下行沟通	从管理者流向下属，常用于通知、命令、协调和评估员工工作绩效
上行沟通	● 从下属员工流向管理者的沟通，使管理者能了解下属的感受、意见 ● 上行沟通的方式与组织文化有关，信任和授权的组织文化有利于上行沟通，刻板和专权的组织文化有利于下行沟通

续表

信息流向	内涵
横向沟通	在同一层级的员工之间发生的沟通
斜向沟通	● 同时跨工作部门、跨组织层次的沟通 ● 有益于提升效率和速度

10. 正式沟通网络

常见的正式沟通网络有三种，见图 13-2。

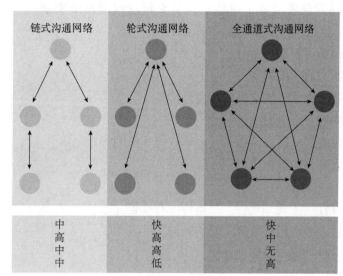

图 13-2　常见的正式沟通网络

链式沟通网络指信息沿着指挥链流动。

轮式沟通网络指管理者与团队成员进行沟通，所有成员都通过与管理者（中心成员）沟通来完成群体目标。

全通道式沟通网络指信息在团队的所有成员中自由流动。

第二部分　习题与案例

一、填空题

1. 沟通包括_____与_____。

2. 沟通具有四个主要功能：_____、_____、_____、_____。

3. _____和_____是日常沟通中使用最广泛的非言语沟通形式。

4. 影响有效沟通的结构因素主要包括_____、_____、_____和_____四个方面。

5. 影响沟通过程的障碍包括_____、_____和_____。

6. 集权化的网络分为_____和_____，在完成比较简单的工作中比分权化的网络更快、更准确，也更有效，它们通过一个中心人物传递信息，以避免不必要的噪声并节约时间。

7. 冲突的特征有：_____、_____、_____、_____。

8. 冲突的来源大致可以分为三类：_____、_____、_____。

9. 根据冲突对组织的影响，冲突可以划分为_____和_____两大类。

10. 服务型组织的管理者需要确保与顾客打交道的员工能够与顾客进行恰当、有效的沟通。管理者需要了解所有服务交付过程的三个要素：_____、_____以及_____。

填空题参考答案

1. 人际沟通　组织沟通

2. 控制　激励　情绪表达　信息传递

3. 肢体语言　语调

4. 地位差别　信息传递链　团体规模　空间约束

5. 文化障碍　组织障碍　人际障碍

6. Y型　轮型

7. 客观性　主观知觉性　二重性　程度性

8. 个体差异　沟通差异　结构差异

9. 建设性冲突　破坏性冲突

10. 顾客　服务型组织　本次服务提供者

二、判断题

1. 噪声能够在沟通过程中造成信息失真。（　　　）

2. 管理工作不需要沟通，信息得不到有效的传递不会影响管理工作的进行。（　　　）

3. 有效的沟通不仅包括信息的传递，还包括对信息的理解。（　　　）

4. 当与他人进行沟通时，语言成分比非言语成分会产生更显著的影响。（　　　）

5. 反馈是沟通过程中的最后一个环节，是决定沟通目标可否实现的关键。很多沟通问题可以直接归因于误解或信息不准确。（　　　）

6. 企业传统的组织结构，尤其是直线型职能结构特别容易诱发破坏性冲突。（　　　）

7. 人们一般愿意与地位较低的人沟通，地位较低的则更愿意相互沟通；信息趋向于从地位低的人流向地位高的人。（　　　）

8. 冲突是组织的内部矛盾、斗争、不团结的征兆，应该极力消除、回避或掩饰。（　　　）

9. 一切有目的的经济活动、一切有意义的经济关系，都要通过沟通来建立。（　　　）

判断题参考答案

1. √　2. ×　3. √　4. ×　5. √

6. √　7. ×　8. ×　9. √

三、选择题

1. 如果你需要与一名员工就其工作中正在发生的变动进行沟通，那么（　　　　）方式更好。

A. 面对面沟通　　　B. 群体会议　　　　C. 备忘录　　　　　D. 电子邮件

2. 在今天的动态环境中，为节约时间和促进协调，组织常常需要采取不同的沟通方式。例如，跨职能团队就非常依赖（　　　　）。

A. 上行沟通　　　　B. 斜向沟通　　　　C. 横向沟通　　　　D. 下行沟通

3. 信息技术已经从根本上改变了组织成员的沟通方式，如今对管理沟通具有最显著影响的两项信息技术是（　　　　）。

A. 计算机网络系统　　　　　　B. 数据分析技术

C. 无线通信技术　　　　　　　D. 电子技术

4. 每个员工都可以同其他员工进行交流，中心化程度低，员工之间地位平等，有利于提高员工的士气和培养合作精神，但沟通过程较为费时，影响工作效率的正式沟通网络是（　　　　）。

A. 轮式网络　　　　B. Y式网络　　　　C. 环式网络　　　　D. 全通道式网络

5. 以下关于沟通的说法，正确的是（　　　　）。

A. 有效沟通可以降低管理的模糊性，提高管理的效能

B. 沟通是组织与外部环境之间建立联系的桥梁

C. 沟通可以改善组织内的工作关系，充分调动下属的积极性

D. 沟通是组织的凝聚剂和润滑剂

6. 在一家制衣工厂，如果裁剪布料的工作落后了，缝衣工人的工作必然被耽误，裁剪工和缝衣工之间的冲突就产生了。造成这种冲突的原因是（　　　　）。

A. 沟通差异　　　　B. 结构差异　　　　C. 文化差异　　　　D. 个人差异

7. 当需要采取不受欢迎的措施迅速解决重大问题或他人的支持对你解决问题不是十分重要时，应该采取（　　　　）来抑制冲突。

A. 合作策略　　　　B. 回避策略　　　　C. 竞争策略　　　　D. 妥协策略

8. 采用开放式工作场所时，如果员工之间的沟通和协作非常重要，那么管理者需要在工作场所设计中考虑（　　　　）。

A. 可视性　　　　　B. 设备配置　　　　C. 私密性　　　　　D. 密度

9. 当今组织中面临许多沟通问题，而新的技术形成的互联网世界中，沟通面临的最主要的两个挑战是（　　　　）。

A. 隐私问题　　　　B. 人际交往的缺乏　　C. 个人财产安全　　D. 法律和安全问题

选择题参考答案

1. A　2. C　3. AC　4. D

5. ABCD　6. B　7. C　8. AD

9. BD

四、名词解释

1. 沟通　　　　　　　2. 冲突
3. 噪声　　　　　　　4. 过滤
5. 信息超载　　　　　6. 非正式沟通
7. 反馈　　　　　　　8. 信息传递链现象
9. 沟通网络　　　　　10. 谈判

名词解释参考答案

1. 沟通是信息的传递与理解的过程，是在两人或更多人之间进行的在事实、思想、意见和情感等方面的交流。

2. 冲突是相互作用的主体之间存在的不相容的行为或目标。

3. 噪声指的是对信息的传送、接收或反馈造成干扰的因素，典型示例包括难以辨认的字迹、电话中的静电干扰、接收者的疏忽大意，或者来自机器或同事的背景声音、固有的成见、身体的不适、对对方的反感等。

4. 过滤是指故意操纵信息以使其更容易被接收者认同，如向上级汇报信息等。

5. 信息超载指的是信息超出个人的处理能力。

6. 非正式沟通指不受组织的层级结构限定的沟通。

7. 反馈是指信息接收者将其理解的信息再返回给信息发送者，信息发送者对反馈信息加以核实和做出必要的修正的过程。反馈构成了信息的双向沟通。

8. 一般说来，信息通过的等级越多，它到达目的地的时间也越长，信息失真率则越大。这种信息连续地从一个等级到另一个等级所发生的变化，称为信息传递链现象。

9. 沟通网络是指由若干环节的沟通路径所组成的总体结构，信息往往都是经过多个环节的传递才最终到达信息接收者的。

10. 谈判是双方或多方为实现某个目标就有关条件达成协议的过程。

五、论述题

1. 论述沟通的类型。

2. 说明正式沟通网络的基本形式。

3. 影响沟通的障碍有哪些?

4. 管理者应该怎样克服沟通障碍?

5. 冲突的原因是什么?

6. 应该怎么管理冲突?

7. 说明当代的五个沟通事项。

论述题参考答案

1. 从管理学的角度来看，沟通最主要的分类有两种：在人际沟通层面上的言语沟通与非言语沟通；在组织层面上的正式沟通与非正式沟通。

人际沟通层面上：言语沟通分为口头沟通和书面沟通。肢体语言和语调是日常沟通中使用最广泛的非言语沟通形式。

组织沟通层面上：正式沟通是指通过组织明文规定的渠道进行的信息传递与交流，包括下行沟通、上行沟通和横向沟通、斜向沟通。其优点是：沟通效果较好、约束力较强、易于保密。其缺点是：由于正式沟通依靠组织系统层层传递，沟通速度比较慢，而且显得较为刻板。非正式沟通是指通过正式沟通渠道以外进行的信息传递与交流。在组织中，许多信息是通过非正式沟通渠道获得的，最典型的就是小道消息，小道消息中有各种员工所关心的和他们有关的信息。

2. 正式沟通网络的基本形式有五种：链式、轮式、Y 式、环式、全通道式。

链式沟通网络是信息在成员间进行单向、顺次传递，形如链条状的沟通网络形式。在这种单线串联的沟通网络中，信息经过层层传递、筛选，容易失真，成员之间的联系面很窄，平均满意度较低。

在轮式沟通网络中，群体中的一个中心成员（管理者）是信息流入的终点和流出的起点，其余成员没有相互沟通的必要，所有成员都通过与中心成员沟通来完成群体目标，因此信息沟通的速度和准确度都很高，中心成员控制力强，但其他成员满意度低。

Y 式沟通网络中也有一个成员位于沟通网络的中心，成为网络中因拥有信息而具有权威感和满足感的人。与轮式沟通网络相比，Y 式沟通网络因为增加了中间的过滤和中转环节，容易导致信息曲解或失真。

在环式沟通网络中，成员只可以与相邻的成员相互沟通，而与较远的成员缺乏沟通。因此，中心性已经不存在，成员之间地位平等，具有较高的满意度。但由于沟通的渠道窄、环节多，信息沟通的速度和准确性都难以保证。

全通道式沟通网络是一个全方位开放的沟通网络系统，每个成员都可以同其他成员进行沟通。在全通道式沟通网络中，中心化程度低，成员之间地位平等，有利于提高成员的士气和培养合作精神。但由于这种网络沟通的渠道太多，易造成混乱，沟通过程通常费时，影响工作效率。

3. 影响沟通过程的障碍包括文化障碍、组织障碍和人际障碍。

文化障碍产生于不同的文化背景下，沟通与文化密切相关，文化的差异会导致人际沟通的障碍，不同文化的差异通过自我意识、语言、穿着、饮食、时间意识、价值观、信仰、思维方式等表现出来。

组织障碍的根源存在于组织的等级结构之中，主要表现为组织结构不合理和组织氛围不和谐。

人际障碍通常是由个体认知、能力、性格等方面的差异所造成的，主要表现为表达能力欠缺、知识和经验差异、个性和关系差异、情绪、选择性知觉、信息过滤和信息过载。

4. 要克服这些障碍，管理者必须掌握或培养如下的方法：

第一，克服认知差异。认知差异往往会成为沟通障碍，因此为了克服认知和语言上的差异，就应该尽力了解沟通对象的背景，尽可能设身处地地从对方的角度看待问题，按信息接收者容易理解的方式选择用词和组织信息，这样有助于提高沟通的有效性。

第二，抑制情绪。情绪化反应会使信息的传递严重受阻或失真。管理者应该尽力预期员工的情绪化反应，并做好准备加以处理。管理者也需要关注自己情绪的变化以及这种变化对他人的影响。

第三，积极倾听。沟通的最大困难不是如何把自己的意见、观点说出来，而是如何听出别人的心声。相比于语言表达能力，学会倾听更为关键。

第四，重视反馈。反馈是沟通过程中的最后一个环节，往往是决定沟通目标可否实现的关键。很多沟通问题可以直接归因于误解或信息不准确。正确使用信息反馈系统，能够极大地减少沟通中出现的障碍。

5. 冲突的来源大致可以分为三大类：个体差异、沟通差异和结构差异。

（1）个体差异。每个人的成长经历、家庭背景、文化水平等不同，在个体价值观、思维方式、性格特征、能力等方面形成的个体差异通常会引起冲突。

（2）沟通差异。语义理解的困难、信息交流不充分、沟通中的噪声等都构成了沟通障碍，并成为引发冲突的潜在条件。通常，很多冲突都可以归为沟通不足或者沟通不当。

（3）结构差异。结构差异指组织结构本身的设计不良，造成整合困难，最后导致冲突。由于组织本身存在水平和垂直的差异，员工个人也会因为部门立场、目标、资源分配等差异产生争执。常见的导致冲突产生的结构因素包括：专业化、任务互依性、资源稀缺、目标差异、权力分配、职责模糊等。

6. 冲突既可以给组织带来积极的影响，也可以给组织带来消极的影响，冲突水平过低和过高都会给组织带来不利影响，应当将冲突控制在一个适当的水平。当冲突水平过高时，管理者可以运用竞争、合作、回避、迁就和妥协五种策略对冲突进行抑制。另外，当组织冲突不足时，管理者需要考虑激发必要的、适度的建设性冲突。管理者需要将冲突合法化，适度引入外部的新鲜血液，营造组织内部的竞争氛围，也可以通过组织结构的调整来激发建设性冲突。

7. 第一，管理互联网世界中的沟通。新的技术创造出了一种虚拟环境，当人们在这种环境中沟通时，完成工作任务会变得尤其具有挑战性，人际交往的缺乏及法律和安全问题成为目前最主要的挑战。

第二，获得员工的投入。管理者在经营一个组织时不能忽视员工提供的可能具有重要价值的信息，管理者可以通过召开员工大会、组织员工培训等让员工更好地知道自己的观点和意见对组织至关重要。

第三，进行有道德的沟通。进行有道德的沟通对于当今的组织来说尤其重要。有道德的沟通包括所有相关信息都是真实可靠的，不带有任何虚假成分。关于有道德的行为，包括有道德的商务沟通，管理者应当制定清晰、明确的指导原则。

第四，管理组织的知识资源。管理者应当建立一个员工能够进入的在线信息数据库或实践社区，以便员工交流和共享他们的知识，使他们能够从彼此身上学会如何更加有效率、有效果地开展工作。

第五，与顾客沟通。对于服务提供者来说，他们必须决定与顾客沟通的方式和内容，这在很大程度上取决于他们积极倾听并以恰当的方式与顾客进行沟通的能力，同时确保自己拥有必要的信息来有效率、有效果地与顾客打交道。

六、案例

AC 航班坠毁事件

一个初春的 19：40，AC 航班正飞行在离目的地 K 市不远处的高空。机上的油量还可维持近两个小时的航程。在正常情况下，像 AC 这样的航班由此处飞行到降落 K 机场只需不到半小时。可以说，飞机的这一缓冲保护措施是安全的。但没有想到，AC 航班在降落前遭遇了一系列问题。

首先，20：00 整，K 机场航空交通管理员通知 AC 航班飞行员，由于机场出现了严重的交通问题，AC 航班必须在机场上空盘旋待命。20：45，AC 航班的副驾驶员向机场报告，"飞机的燃料快用完了"。交通管理员收到了这一信息，然而，在 21：24 之前，飞机并没有被批准降落机场。而在此之前，AC 航班机组成员没有再向 K 机场传递任何情况十分危急的信息，只是飞机座舱中的机组成员在相互紧张地通告说，燃料供给出现了危机。

21：24，AC 航班第一次试降失败。由于飞行高度太低及能见度太差，飞机安全着陆没有保证。当机场指示 AC 航班进行第二次试降时，机组成员再次提到燃料将要用尽，但飞行员还是告诉机场交通管理员说，新分配的飞行跑道"可行"。几分钟后，准确时间是 21：32，飞机有两个引擎失灵了；1 分钟后，另外两个引擎也停止工作。耗尽燃料的飞机最后在 21：34 坠毁于 K 市，机上 73 名人员全部遇难。

当事故调查人员考察了飞机座舱中的磁带并与当事的机场交通管理员交谈之后，发现导致这场悲剧的原因实际上很简单：机场方面不知道 AC 航班的燃料会这么快耗尽。下面是有关人员对这一事件所做的调查。

第一，飞行员一直说"燃料不足"，交通管理员则告诉调查者，这是飞行员们惯用的一句话。当因故出现降落延误时，管理员认为，每架飞机都不同程度地存在燃料问题。但是，如果飞行员发出"情况危急"的呼声，管理员有义务优先为其导航，并尽可能迅速地允许其着陆。一位管理员这样指出："如果飞行员表明情况十分危急，那么，所有的规则程序都可以不顾，我们会尽可能以最快的速度引导其降落的。"事实是，AC 航班的飞行员从未说过"情况危急"，由此导致 K 机场交通管理员一直未能理解飞行员所面临的真正问题。

第二，AC 航班飞行员的语调也并未向交通管理员传递有关情况危急的严重信息。机场交通管理员接受过专门训练，可以在多数情况下捕捉到飞行员声音中极细微的语调变化。虽然 AC 航班机组成员内部也表现出对燃料问题的极大忧虑，但他们向 K 机场传达信息时的语调却是冷静而职业化的。

另外，还应当指出，AC 航班的飞行员不愿意声明情况危急是有一些客观原因的。如按条例规定，驾驶员在飞行中发出了情况危急报告之后，他们事后需要补写出长篇的、正式的书面汇报交给有关方面。而且报告情况危急后，如果飞行员被发现在估算飞机在飞行中需要多少油量方面存在严重疏漏的话，那么，飞行管理局就有理由吊销其驾驶执照。这些因素在相当程度上阻碍了飞行员发出紧急呼救。在这种情况下，飞行员的专业技能和荣誉感便会变成一种"赌注"！

资料来源：王凤彬，李东.管理学.4版.北京：中国人民大学出版社，2011.

思考题

1.结合沟通的相关知识，分析 AC 航班坠毁的原因。

2.从飞行员角度来看，如何才能避免 AC 航班坠毁。

3.除了飞行员外，其他人员是否可以做些什么来避免 AC 航班坠毁。

案例思考题参考答案

1.此事件出现的原因在于沟通过程中信息的发出和信息的接收都存在问题。

第一，信息发送过程存在的问题。如果飞行员表明情况十分危急，那么，所有的规则程序都可以不顾，管理员会尽可能以最快的速度引导其降落。事实是，AC 航班的飞行员从未说过"情况危急"。

第二，信息传递过程存在的问题。紧急情况报告后，如果飞行员被发现在估算飞机在飞行中需要多少油量方面存在严重疏漏的话，飞行管理局就有理由吊销其驾驶执照，这表明信息在传递过程中受到了阻碍，飞行员不愿意声明情况紧急。

2.第一，飞行员应采用恰当的编码方式发出信息。AC 航班飞行员在向机场要求准许降落时使用了"燃料不足""燃料快用完"之类的话语，这些在机场交通管理员心中被认为不过是飞行员们的惯用伎俩。所以处于紧急状态之中的 AC 航班飞行员应该格外注意信息的编码。

第二，飞行员应擅于运用非言语沟通发出信息。事故调查者在收听录音磁带时发现，AC 航班飞行员的报告在语调上没有传递出情况紧急的信息。所以在传递信息时可以借助非言语沟通的力量让信息更加容易被理解。

3.从机场交通管理员的角度来说，要积极开展双向的信息沟通，与飞行员展开必要的信息交流和互动。既然他们认为对 AC 航班飞行员"燃料快用完"的报告难以做出判断时，为稳妥和安全起见，他们可以：

第一，对报告情况的飞行员进行及时的信息反馈，信息的及时反馈对有效沟通有重要的作用，交通管理员应该反馈是否收到和理解飞行员的信息。

第二，使自己在接收信息的同时成为信息发送者，机场交通管理员可以通过发送具体信息去判别飞机的飞行状态。

从飞行管理局的角度来说，可以结合情况更改紧急报告后的整改政策，减少沟通中信息过滤带来的信息失真问题。驾驶员在飞行中发出了情况危急报告，事后需要补写书面汇报且被发现估算油量存在严重疏漏时会被吊销驾驶执照，这在相当程度上阻碍了飞行员发出紧急呼救。

第14章　　控　制

第一部分 知识点

一、关键知识点

1. 控制
2. 控制的必要性
3. 控制的类型
4. 有效控制的特征
5. 控制的基本环节
6. 控制的方法
7. 控制的原则
8. 危机
9. 柔性作业系统
10. 运营管理
11. 价值链
12. 价值链管理

二、知识点精解

1. 控制

控制是指对活动加以监控，保证活动按计划进行并纠正显著偏差的过程。常见的控制方法有三种，见表14-1。

表14-1　常见的控制方法

控制方法	具体内容
市场化控制	强调外在市场机制，依靠标准进行控制，如相对市场份额。一般在产品或服务非常明确时使用
行政控制	强调组织的权威，依靠规章制度、程序及政策进行控制
价值观控制	依靠共同的价值观、规范、传统、仪式、信念等进行控制

2. 控制过程

控制过程包括三个步骤：衡量实际绩效、比较实际绩效与标准、采取管理行动。常见的衡量实际绩效的方法见表14-2。

表14-2 常见的衡量实际绩效的方法

衡量方法	优点	缺点
个人观察	● 获得第一手资料 ● 信息没有过滤 ● 对工作活动的关注度高	● 容易受个人偏见的影响 ● 耗时 ● 可能有莽撞之嫌
统计报告	● 易于直观化 ● 有效地展示数据之间的关系	● 提供的信息有限 ● 忽略主观因素
口头汇报	● 容易获得相关信息 ● 可以提供言语的和非言语的反馈	● 信息被过滤 ● 信息不能存档
书面报告	● 全面 ● 正式 ● 容易存档和查找	● 需要更多时间来准备

在采取管理行动这一步中，要么改进实际工作，要么修订标准。

改进实际工作：

● 直接纠正行动，立即纠正问题以便绩效回到正确轨道。

● 彻底纠正行动，首先探查绩效偏差是如何产生的以及为什么会产生，然后纠正偏差。

修订标准：

当制定的目标过高或过低时，需要修订先前制定的标准。

3. 控制的类型

控制的三种类型见表 14-3。

表14-3 控制的类型

控制类型	要点
前馈控制	发生在实际活动之前，能够预防问题的出现，即在问题发生之前预期问题的出现并采取行动
同期控制	纠正正在发生的问题
反馈控制	问题发生后才采取措施纠正

4. 组织绩效的控制工具

组织绩效的控制工具见表 14-4。

表14-4 组织绩效的控制工具

控制工具	具体内容
财务控制	● 流动比率：组织偿还短期债务的能力 ● 杠杆比率：负债的运用和负债利息的偿还 ● 运营效率：资产运用效率 ● 收益率：资产产生利润的效率和效果 ● 经济增加值（EVA）：一个公司创造的经济价值减去投资，即税后营业利润减去资本总成本 ● 市场附加值（MVA）：股市对一个公司过去或预期的投资项目的价值评估，即将市场价值（股票价值减公司负债）与投入资本进行比较

续表

控制工具	具体内容
信息控制	● 管理者通过获取信息来监测组织活动和绩效 ● 组织管理信息系统：用来定期为管理者提供信息的系统
平衡计分卡	● 将传统的财务评价和经营评价结合起来，是常见的绩效控制工具之一 ● 包含四个主要的评价方面：财务、客户、内部运营、学习与成长
最佳实践的 杠杆比较	● 标杆比较：从竞争者和非竞争者中寻找导致他们成功的最佳实践 ● 用来确定具体的绩效差距和潜在的需要提高的领域 ● 寻找可以共享的最佳实践

5. 运营管理

运营管理指把各种资源转化为产品和服务的过程，即将输入转换成输出的过程。输入的资源包括人、技术、资本、设备、原材料、信息等。

6. 价值、价值链、价值链管理、供应链管理

价值是产品和服务的性能、特征、属性及其他任何方面，是顾客愿意用资源（通常是钱）来换取的。

价值链是整个组织从原材料到成品的每个步骤中依次能够增加价值的工作活动的集合。

价值链管理是指沿着整个价值链来有序管理各种工作活动和信息的完整过程。供应链管理是外部导向的，关注产品和服务，为客户创造更高的价值。

供应链管理是内部导向的，关注原材料供应（资源）高效流入组织。

7. 价值链管理的障碍

价值链管理的障碍见表14-5。

表14-5　价值链管理的障碍

障碍	具体内容
组织障碍	拒绝或不愿意共享信息，不愿意改变现状
文化态度	不支持的文化态度，如信任和控制
能力要求	价值链上的伙伴需要多种能力，如协调能力、创新能力、培训能力等
人员	人员必须认同价值链管理的各项要求

第二部分　习题与案例

一、填空题

1.根据确定控制标准Z值的方法，可将控制过程分为_____、_____、_____、_____四类。

2. 根据管理控制的职能不同，控制主要分为_____、_____、_____三类。

3. 控制过程的三个步骤包括_____、_____、_____。

4. 根据危机产生的原因，企业危机可以分成_____、_____。

5. _____、_____、_____被誉为 20 世纪 90 年代的三大管理方法。

6. 进行有效的控制工作应遵循的原则包括_____、_____、_____、_____、_____。

7. 全面质量管理的基本要求是"三全一多"，即_____、_____、_____、_____。

填空题参考答案

1. 程序控制 跟踪控制 自适应控制 最佳控制

2. 战略控制 财务控制 营销控制

3. 衡量实际绩效 比较实际绩效与标准 采取管理行动

4. 外源危机 内源危机

5. 标杆管理 流程再造 战略联盟

6. 有效标准原则 控制关键点原则 控制趋势原则 直接控制原则 例外原则

7. 全过程的质量管理 全员的质量管理 全组织的质量管理 多方法的质量管理

二、判断题

1. 制定标准是进行控制的基础。（ ）

2. 危机管理的关键是行动的及时性。（ ）

3. 控制系统由控制主体、控制客体、控制目标以及控制的手段与工具体系四大部分构成。（ ）

4. 现场控制是在工作开始之前针对某项计划行动所依赖的条件进行控制，不针对具体人员，因而不易造成面对面的冲突，易被员工接受并付诸实施。（ ）

5. 根据组织的具体控制内容，控制可以分为制度控制、风险防范控制、预算控制、激励控制、绩效考评控制五种类型。（ ）

6. 组织文化是团体控制的基础。（ ）

7. 层级控制是多数中型和大型组织采用的最基本的控制方式。（ ）

8. 柔性作业是指生产系统能对市场需求变化以较低的成本和较高的效率做出快速的适应。（ ）

9. 对于控制过程来说，测量什么很可能比如何测量更为关键。（ ）

10. 生产率是由人员变量和运营变量决定的。（ ）

11. 供应链管理以效果为导向，而价值链管理以效率为导向。（ ）

判断题参考答案

1. √ 2. √ 3. √ 4. × 5. √

6. √ 7. √ 8. √ 9. √ 10. √

11. ×

三、选择题

1. 下列有关控制内涵的描述，正确的是（　　）。

    A. 控制具有目的性　　　　　　　　　　B. 控制是一个过程

    C. 控制是通过监督和纠偏来实现的　　　D. 控制具有整体性

2. 有效控制的特征包括（　　）。

    A. 实时控制　　　　B. 弹性控制　　　　C. 客观控制　　　　D. 适度控制

3. 危机的三个基本特征是（　　）。

    A. 企业的实际状况与预定目标偏离

    B. 具有不可预测性

    C. 源自企业内部或外部的突发性事件

    D. 影响企业的生存，并危及企业的未来

4. （　　）受管理者的时间、精力和业务水平的制约，而且管理者的工作作风和领导方式对控制效果有很大影响。

    A. 前馈控制　　　　B. 自我控制　　　　C. 反馈控制　　　　D. 现场控制

5. （　　）是在确定关键控制点时需要考虑的因素。

    A. 影响整个工作运行过程的重要操作与事项

    B. 若干能反映组织主要绩效水平的时间与空间分布均衡的控制点

    C. 高层领导非常关注的控制点

    D. 能在重大损失出现之前表现出差异的事项

6. （　　）是指将个体融入团体之中，使个人的价值观与组织的价值观和目标相统一，通过团体的共同行为范式来实现组织成员的自我约束和自我控制。

    A. 层级控制　　　B. 文化控制　　　C. 团体控制　　　D. 市场控制

7. 风险评估的原则包括（　　）。

    A. 系统性原则　　B. 可操作性原则　　C. 动态性原则　　D. 科学性原则

8. 危机的特征包括（　　）。

    A. 突发性　　　　B. 信息资源不充分　　C. 紧迫性　　　　D. 危害性

9. 管理者可以采用（　　）来测量和报告实际绩效。

    A. 个人观察　　　B. 书面报告　　　C. 口头汇报　　　D. 统计报告

10. 在价值链管理中，（　　）来定义什么是价值以及如何创造和提供价值。

    A. 供应商　　　　B. 顾客　　　　C. 员工　　　　D. 制造商

11. 价值链管理的好处包括（　　）。

    A. 改进采购　　　　　　　　　　　　B. 改进顾客订单管理

    C. 改进产品开发　　　　　　　　　　D. 改进物流

选择题参考答案

1. ABCD　　2. ABCD　　3. ACD　　4. D

5. ABD　　6. C　　7. ABCD　　8. ABCD

9. ABCD　　10. B　　11. ABCD

四、名词解释

1. 控制	2. 危机
3. 预算控制	4. 标杆管理
5. 层级控制	6. 全面质量管理
7. 柔性作业系统	8. 风险管理
9. 平衡计分卡	10. 运营管理
11. 价值链	12. 价值链管理
13. 精益组织	14. 批量定制

名词解释参考答案

1. 控制是指对活动加以监控，保证活动按计划进行并纠正显著偏差的过程。

2. 危机是指在企业生产经营活动过程中，由于企业内外部的突发事件而引发的可能危及企业发展甚至危及企业生存的严重问题。

3. 预算控制就是根据预算规定的收入与支出标准来检查和监督各个部门的生产经营活动，以保证各种活动或各个部门在充分达成既定目标、实现利润的过程中对经营资源合理利用，从而使费用支出受到严格有效的约束。

4. 标杆管理是将在某一项指标或某一方面竞争力最强的领头企业或其内部某部门作为基准，将本企业的产品、服务措施或相关实践状况与这些基准进行定量化的评价、比较，在此基础上制定和实施改进的策略与方法，并不断反复的一种管理方法。

5. 层级控制，亦称"官僚控制""科层控制"，是指利用正式的章程、规则、政策、标准、科层权力、书面文件和其他科层机制来规范组织成员的行为并评估其绩效。

6. 全面质量管理是指一个组织以质量为中心，以全员参与为基础，建立一套科学、严密、高效的质量保证体系，控制生产过程中影响质量的因素，以最经济的办法提供满足用户需求的产品的管理过程。

7. 柔性作业系统是指为应对市场需求的多样性和环境变化的不确定性，在信息技术发展的基础上，由若干数控设备、物料运贮装置和计算机控制系统组成的，能根据制造任务和生产品种变化而迅速进行调整的自动化制造系统。

8. 风险管理是指组织通过对风险的识别、衡量和处理，力求以最小的经济代价为组织目标的实现提供安全保障的管理活动。

9. 平衡计分卡是一种将传统的财务评价和经营评价结合起来的组织绩效测量和评估方法。平衡计分卡从财务、客户、内部运营、学习与成长四个角度，将组织战略落实为可操作的衡量指标的一种绩效管理体系。

10. 运营管理是指把各种资源转化为产品和服务的过程。系统吸收各种投入（如人员、技术、资本、设备、原材料和信息）并通过不同的流程、程序、工作活动等方式将它们转化为产品和服务。

11. 价值链是整个组织从原材料到成品的每个步骤中依次能够增加价值的工作活动的集合。完整的价值链的范围包括从供应商的供应商到顾客的顾客。

12. 价值链管理是指沿着整个价值链来有序管理各种工作活动和信息的完整过程。

13. 精益组织指的是这样一种组织：能够理解顾客需求，通过分析满足这些需求所需的所有工作活动来确定顾客所需的价值，然后从顾客角度出发来优化整个制造过程。

14. 批量定制可以为顾客在他们希望的时间和地点、以他们希望的方式大批量提供某种产品。

五、论述题

1. 论述控制的必要性。

2. 论述按照控制的进程划分的控制类型。

3. 论述组织控制风险的方法。

4. 论述管理者在进行价值链管理时必须克服的障碍有哪些。

论述题参考答案

1. 之所以需要进行控制，主要有三个方面的原因：环境的变化、管理权力的分散、工作能力的差异。具体来讲：

第一，环境的变化。如果企业面对的是一个完全静态的市场，市场供求条件永不发生变化，每年都以同样的费用取得同样性质和数量的资源，又能以同样的价格向同样的客户销售同样品种和数量的产品，那么，企业管理人员便日复一日、年复一年地以相同的方式组织企业经营，工人可以以相同的技术和方法进行生产，因而，不仅控制工作，甚至管理的计划职能都将是多余的。然而，这样的静态环境是不存在的，企业外部的一切每时每刻都在发生变化。

第二，管理权力的分散。只要企业达到一定的规模，企业主管就不可能直接地、面对面地组织和指挥全体员工的工作活动。时间与精力的限制要求他委托一些助手代理部分管理事务。为了使助手能有效地完成受托的部分管理事务，高一级的主管必然要授予他们相应的权限。因此，任何企业的管理权限都制度化或非制度化地分散在各个管理部门。每个部门的主管都必须定期或非定期地检查直接下属的工作情况，以保证授予他们的权力得到正确地利用，保证利用这些权力的组织的业务活动符合计划与企业的目标。如果没有控制，没有为此而建立相应的控制系统，管理人员就不能检查下级的工作情况，即使出现权力不负责任地滥用或活动不符合计划要求等情况，管理人员也无法发现，更无法及时采取纠正行动。

第三，工作能力的差异。由于组织成员在不同的时空工作，他们的认知能力不同，对计划的理解可能会有差异；即使每个员工都能完全正确地理解计划，但由于工作能力的差异，他们实际的工作结果也可能在质和量上与计划要求不符。某个环节可能产生的偏离计划的现象会对整个企业造成冲击。因此，加强对这些成员的工作控制非常必要。

2. 根据控制的进程，可以将控制划分为前馈控制、同期控制和反馈控制三类。

第一，前馈控制。也称预先控制，指组织在工作活动正式开始前对工作中可能产生的偏差进行预测和估计并采取防范措施，将可能的偏差消除于产生之前。前馈控制强调防患于未然，是一种面向未来的控制。控制的内容包括检查资源的筹备情况和预测其利用效果两个方面。

第二，同期控制，亦称过程控制、同步控制或现场控制，是指在某项工作或活动正在进行的过程中所实施的控制。同期控制是一种面对面的领导，目的是及时处理例外情况、矫正工作中发生的偏差。同期控制主要有监督和指导两项职能。监督是按照预定的标准检查正在进行的工作，以保证目标的实现；指导是管理者亲临现场，针对工作中出现的问题，根据自己的经验指导下属改进工作，或与下属共同商讨矫正偏差的措施，使他们顺利地完成任务。

第三，反馈控制，也称成果控制或事后控制，是指在一个时期的生产经营活动已经结束以后，对本期的资源利用状况及其结果进行总结。成果控制的主要作用是通过总结过去的经验和教训，为未来计划的制订和活动的安排提供借鉴。

3.依据风险处置方式的不同，组织控制风险的方法可以分为如下几种：风险避免、风险保留、损失减低管理和风险分担。

第一，风险避免，也称风险规避，是指在风险发生的可能性较大且影响程度较高的情况下，组织采取的中止、放弃或调整等风险处理方式以避免风险损失的一种方法。例如，为防止某种产品可能伤害顾客而导致顾客索赔，企业决定放弃该种产品的生产。

第二，风险保留是指面临风险的组织自己承担风险事故造成的损失，并做好相应的资金安排。该种风险处理方式的实质是，当风险事故发生并造成损失后，组织通过内部资金的融通来弥补所遭受的损失。

第三，损失减低管理是指组织有意识地接受经营管理中存在的风险，并以谨慎的态度，通过对风险的分散以及风险损失的控制，从而化大风险为小风险，变大损失为小损失的风险处理方式。例如，企业通过多元化投资的方式来分散单一业务经营可能带来的风险。

第四，风险分担是指组织将自身可能遭受的风险或损失，有意识地通过正当、合法的手段，部分或全部转移给其他经济单位的风险处理方式。例如，企业通过购买交通意外险的方式，将出差员工的交通风险转移给保险公司。

4.管理者在管理价值链时必须克服几种障碍，其中包括组织障碍、文化态度、能力要求，以及人员。

第一，组织障碍属于最难应对的障碍。这种障碍包括不愿意改变现状，拒绝或不愿意共享信息。如果没有信息共享，就不可能实现密切的协调和协作。而如果员工拒绝或不愿意改变现状，就会影响组织推行价值链管理的努力程度并妨碍其成功实施。

第二，不支持价值链管理的文化态度（尤其是在信任和控制方面）会成为价值链管理的障碍。信任是一个关键事项，无论是缺乏信任还是太多信任，都会妨碍价值链管理。如果没有建立信任关系，那么合作伙伴将不愿意共享信息、能力和流程。但是太多信任也会成为一个问题。任何组织都非常容易被窃取知识产权，即对一个组织有效率、有效果的运行及竞争力至关重要的专利信息。对价值链管理造成障碍的另一种文化态度是这样一种信念：当一个组织与内部及外部合作伙伴进行协作时，它就再也无法掌控自己的命运。但是，这种想法并不正确。即便是在价值链管理中开展密切协作（这对价值链管理至关重要），组织仍然能够控制关键的决策，例如顾客重视什么、他们想要获得多少价值以及什么销售渠道具有重要意义。

第三，能力要求。价值链中的合作伙伴需要具备多种能力。如协调和协作、对内部和外部的合作伙伴进行教育和培训的能力、改进产品以满足顾客和供应商需求的创新能力。这些能力并不是轻易可以获得的。

第四，人员。如果员工拒绝采用灵活的工作设计和安排，价值链中的协调和协作将难以实现。此外，价值链管理需要组织中的员工投入大量时间和精力。管理者必须激励员工付出极大的努力，而这并非易事。组织面临的一个重大的人力资源问题是，缺乏有经验的管理者来带领组织实施价值链管理。

六、案例

深陷泥潭

2010 年 4 月 20 日，位于墨西哥湾的英国石油公司的深水地平线（Deepwater Horizon）海上钻井平台发生剧烈爆炸，11 位员工遇难。这场悲剧之后，该公司全力阻止原油泄漏，随后是漫长而艰巨的原油清理过程。沿海的企业、居民、野生动物最能感受到这场爆炸和原油泄漏的影响，而身在内陆目击灾难发生的人也对所看到的情景感到震惊和心痛。是什么导致了这场灾难？英国石油公司应该做些什么来将此类事件再次发生的概率降到最低？

在事故调查中，有件事逐渐变得清晰，就是发生这样的事并不令人惊讶。在 2005 年 7 月丹尼斯飓风登陆之后，一艘途经的轮船上的船员惊讶地看到英国石油公司价值 10 亿美元的 Thunder Horse 钻井平台"向一边严重倾斜，似乎在向全世界宣告它快沉了"。Thunder Horse 钻井平台是"英国石油公司的荣耀，是该公司在探测和开采海湾水下丰富的石油资源时击败竞争对手并独占鳌头的撒手锏"。但是这个钻井平台的问题很快就显露出来。在一滴油还没有开采上来之前的飓风登陆期间，一个装反的阀门导致了原油井喷。其他问题包括焊接工作太糟糕导致水下石油管道太脆弱且布满裂痕。"Thunder Horse 的事故并非偶然，而是对英国石油公司为了追求增长和利润过度投机取巧、铤而走险提出的警告。"

接着就是深水地平线钻井平台发生悲剧性的爆炸。在该钻井平台爆炸之前，已经有强烈的预警信号显示原油管道存在严重的问题。在这些红色警报中，有若干设备仪表显示有气体进入了原油管道，这是发生爆炸的潜在信号。但这些红色警报都被忽视了。在爆炸发生 24 小时前做出的其他决策中还包括一项危险决策，用海水替代从海底延伸上来的石油管道中的重泥浆，这再次加大了爆炸的风险。英国石油公司的内部文件也显示了深水地平线钻井平台中的各种严重问题和安全隐患。这些问题涉及井下套管和爆炸隔离器。一位英国石油公司的资深钻井工程师警告说："这无疑是一个最糟糕事故的场景。"

负责调查此次爆炸的联邦委员会对 20 个"管道异常和员工对此的反应"进行了调查。他们还重点调查了为什么"钻井工人会忽视如此明确的显示管道即将爆炸的信号"。委员会最终的报告将导致深水地平线钻井平台爆炸的责任归咎于英国石油公司和它的承包商。其中的很多过失都源于投机取巧地节约时间和成本。但是，该报告也指出政府对这些公司疏于监管。

资料来源：斯蒂芬·罗宾斯，玛丽·库尔特. 管理学：第 13 版 . 北京：中国人民大学出版社，2017.

思考题

1. 你认为在本案例中，哪种控制类型——前馈控制、同期控制、反馈控制——最有效？解释你的选择。

2. 结合控制过程相关知识，说明英国石油公司在哪些地方可以做得更好。

3. 你认为公司钻井工人为什么会忽视那些红色警报？这种行为以后应该如何改善？

案例思考题参考答案

1. 本案例中，前馈控制原本应该是最为有效的。同期控制和反馈控制只能防止损害的进一步扩大。具体而言：

第一，前馈控制原本可以为海上钻井平台及其所用机器设备提供更好的测试。

第二，同期控制原本可以用来确保钻井团队对原油泄漏做出及时应对，并更迅速地封闭管道。

第三，反馈控制应当包括英国石油公司采取有效措施来确定控制程序、机器设备及工作人员应对方法中的缺陷，以确保未来不会发生类似事件。

2. 英国石油公司原本可以采取以下更好的措施：

第一，衡量钻井平台的实际运行状况。测量什么比如何测量更为关键。本案例中，英国石油公司应该更好地监测井内压力，并且在爆炸发生之前关闭原油管道。一旦发生爆炸，英国石油公司应当正确测量原油泄漏的规模，并立即采取有效措施来封闭管道（该公司在几天时间里都不清楚该原油管道的底部是否在漏油）。但该公司对过于糟糕的焊接工作导致水下石油管道十分脆弱并布满裂缝的现象视而不见。如果该公司掌握钻井平台的运行状况，事故可能不会发生。

第二，将实际绩效与标准比较。处于正常范围之外的偏差需要引起管理者的关注。英国石油公司如对钻井平台进行测量并将测量结果与标准比较就会发现偏差，这就能够引起管理者的注意，情况就可以得到改善。

第三，及时采取管理行动。爆炸后，英国石油公司应当立即采取有效措施来封闭管道，但该公司为封闭该管道所花费的时间比最初设想的要长好几个月。事件发生后，该公司本可以投入更多的人员和资源来检测原油泄漏所造成的影响，更快速地处理关于原油泄漏所造成的经济影响和环境影响的信息，建立与公众直接沟通的渠道，确保公众了解该公司为解决原油泄漏问题正在采取什么行动。正是管理行动的缓慢导致了事态进一步扩大，损失更惨重。

3. 钻井工忽视那些红色警报的原因主要有：

第一，价值观导向有偏。首先，受利润导向的公司文化影响，工人过度关注绩效和薪酬而忽视风险，做了太多铤而走险、投机取巧的事情。其次，工人缺乏相关专业知识，不了解可能产生的严重后果。深水地平线钻井平台运用了高新技术，工人可能过分相信高新技术而忽略了钻井平台的实际情况，没有认识到它比一般的钻井平台要深得多，并且保护措施也不是很完善。

第二，行政控制不足。首先，工人认为发现问题并报告与自己的职责无关，这应该是管理者的责任，以至于无人关注和报告可能出现的危险情况。其次，政府对这些公司疏于监管，没有进行干预。

改善的方法有：

第一，加强价值观控制。首先，创新组织文化，形成安全第一、控制事故发生的组织文化。其次，加强对员工的安全培训和相关知识技能培训，让每位员工都充分认识钻井平台事故的灾难性影响。

第二，加强行政控制。一方面，公司建立完善的控制系统和规章制度，责任到人，从事前、事中、事后三个环节采取管理行动。另一方面，政府也要出台相应的法律法规来规范公司的行为，加强对公司的监管。

第 15 章　　创　新

第一部分　知识点

一、关键知识点

1. 创新
2. 管理创新
3. 创新的类型
4. 创新的源泉
5. 智能制造
6. 智能管理

二、知识点精解

1. 创新

创新是指产生新的思想和行为的活动。任何改变现存物质财富、创造潜力的方式都可以称为创新。创新包括五个方面：生产一种新的产品，采用一种新的生产方法，开辟一个新的市场，掠取或控制原材料和半成品的一种新的来源，实现一种新的工业组织。

2. 创新的类型

根据不同的标准，创新可以分成不同的类型，见表 15-1。

表15-1　创新的类型

划分依据	类型	具体内容
规模和对系统的影响程度	局部创新	在系统性质和目标不变的前提下，系统活动的某些内容、某些要素的性质或其组合的方式、系统对社会贡献的形式或方式等发生变化
	整体创新	整体创新往往改变系统的目标和使命，涉及系统的目标和运行方式，影响系统的社会贡献的性质
创新与环境的关系	防御型创新	外部环境的变化对系统的存在和运行造成某种程度的威胁，为了避免威胁或由此造成的系统损失扩大，系统在内部展开的局部或全局性调整
	攻击型创新	是在观察外部世界运动的过程中，管理者敏锐地预测到未来环境可能提供的某种有利机会，从而主动地调整系统的战略和技术，以积极地开发和利用这种机会，谋求系统的发展

续表

划分依据	类型	具体内容
创新发生的时期	系统初建期的创新	系统的组建本身就是一项创新活动。系统的创建者在一张白纸上绘制系统的目标、结构、运行规划等蓝图，这就要求创建者有创新的思想和意识，创造一个全然不同于现有社会（经济组织）的新系统，寻找最满意的方案，获得最优秀的要素，并以最合理的方式组合，使系统得以运行
创新发生的时期	运行中的创新	创新活动大量存在于系统组建完毕并开始运转以后。系统的管理者要不断地在系统运行的过程中寻找、发现和利用新的创业机会，更新系统的活动内容，调整系统的结构，扩大系统的规模
创新的组织化程度	自发创新	任何组织都是在一定环境中运转的开放系统。系统的相关性决定了与外部有联系的子系统根据环境变化的要求自发地作了调整后，必然会对那些与外部没有直接联系的子系统产生影响，从而要求后者也作相应调整
创新的组织化程度	有组织的创新	系统的管理人员要积极地引导和利用各要素的自发创新，使之相互协调并与系统有计划的创新活动相配合，使整个系统内的创新活动有计划、有组织地展开。有组织的创新能给系统带来预期的、积极的、比较确定的结果

3. 管理的创新职能

管理的创新职能包括五个方面，具体见表 15-2。

表15-2　管理的创新职能

创新职能	具体内容
目标创新	企业在各个时期的具体经营目标，需要适时地根据市场环境和消费需求的特点及变化趋势加以调整，每一次调整都是一种创新
技术创新	企业要在激烈的市场竞争中处于主导地位，就必须顺应甚至引导社会技术进步的方向，不断地进行技术创新。企业的技术创新主要表现在要素创新、要素组合方法的创新以及作为要素组合结果的产品创新
制度创新	从社会经济角度对企业各成员间的正式关系进行调整和变革，包括产权制度、经营制度、管理制度等创新
组织机构创新	组织形式的变革和发展
环境创新	企业通过积极的创新活动去改造环境，去引导环境朝着有利于企业经营的方向变化。例如，通过企业的公关活动影响政府政策的制定

4. 创新的过程

成功的创新要经历寻找机会、提出构想、迅速行动、坚持四个阶段。

第一，寻找机会。创新活动是从发现和利用旧秩序内部的不协调现象开始的。不协调为创新提供了契机。不协调可以来源于系统内部（如生产经验瓶颈），也可以来源于系统外部（如技术变化、人口变化、价值观念变化）。

第二，提出构想。观察到不协调后，需要透过现象分析其原因，分析和预测不协调的未来变化趋势，估计它们可能给组织带来的积极或消极后果，努力利用机会或将威胁转化为机会。

第三，迅速行动。创新的构想只有在不断地尝试中才能逐渐完善，企业只有迅速行动才能有效地利用"不协调"提供的机会。从某种意义上说，面对瞬息万变的市场，创新行动的速度可能比创新方案的完善更为重要。

第四，坚持。创新的过程是不断尝试、不断失败、不断提高的过程。因此，创新者在开始行动以后，为取得最终的成功，必须坚定不移地继续下去，不能半途而废。

5. 技术创新的来源

技术创新的七种来源见表 15-3。

表15-3　技术创新的来源

来源	具体内容
意外的成功或失败	• 意外的成功通常能为企业创新提供丰富的机会 • 失败必然隐含某种变化，实际上向企业预示了某种机会的存在
企业内外的不协调	• 当企业对外部经营环境或内部经营条件的假设与现实冲突，或当企业经营的实际状况与理想状况不一致时，便出现了不协调 • 企业必须仔细观察不协调的存在，分析出现不协调的原因，并以此为契机进行技术创新
过程改进的需要	• 把原有的某个薄弱环节去掉，代之以利用新知识、新技术重新设计的新工艺、新方法，以提高效率、保证质量、降低成本
行业结构和市场结构的变化	• 行业结构主要指行业中不同企业的相对规模和竞争力结构以及由此决定的行业集中度或分散度 • 市场结构主要与消费者的需求特点有关 • 行业结构和市场结构一旦出现变化，企业若能及时应对，则这些结构的变化给企业带来的将是众多的创新机会
人口结构的变化	• 人口的数量及其构成决定了市场结构及其规模。因此，人口结构的变化有可能为企业的技术创新提供契机
观念的改变	• 消费者观念的改变影响不同产品的市场销路，为企业提供了不同的创新机会
新知识的产生	• 一种新知识的出现为企业创新提供了异常丰富的机会

6. 互联网对管理学的挑战

第一，"标准化、大批量生产"受到"定制化生产"的挑战。工业革命时代，生产的基本特点就是标准化、大批量，因为那个时代人们追求的是高效率、高质量和低成本。在互联网时代，由于设计者、制造者与客户可以实现"全连接和零距离"，制造商可以准确地了解客户的真实需求，客户是谁、客户在何地、客户要什么，一切都非常清楚。互联网时代是以客户为导向的定制化生产。

第二，"科层理论"受到"全连接和零距离"的挑战。在科层理论中，下级必须服从上级。科层组织高层领导从上而下发布命令、做出指示，基层自下而上地反馈执行。在互联网时代，人与人、人与组织、组织与组织，从技术上看，各节点之间可以互相连接，实现"全连接和零距离"。科层组织出现以下变化：层级减少，权力下放，组织结构更加扁平化、更加灵活。

第三，"企业边界"受到"交易费用趋于零"的挑战。在互联网时代，企业与企业之间、企业与客户之间可以借助互联网轻松地实现全球"全连接和零距离"的信息沟通，因而大大降低了市场交易费用，甚至使之趋于零。从而给中小企业的发展提供了机会。

第四，传统的商业模式与业态受到极大的挑战。商业特别是零售业受到网购电商的挑战，金融业受到商家自办在线支付系统的挑战，制造业受到共享经济的挑战。

第二部分 习题与案例

一、填空题

1. 管理的创新职能包括_____、_____、_____、_____、_____五个方面。

2. 创新的来源包括_____、_____、_____、_____、_____、_____、_____七个方面。

3. _____是利用现有知识，对目前的生产工艺、作业方法、产品结构进行创新。

4. _____是开发新的知识，为具有新功能的新产品开发提供理论基础。

5. 企业可供选择的创新对象主要涉及_____、_____、_____三个领域。

6. 从创新程度分类，管理创新可以分成_____、_____。

7. _____就是产生新思想的思维活动。

填空题参考答案

1. 目标创新 技术创新 制度创新 组织机构创新 环境创新

2. 意外的成功或失败 企业内外的不协调 过程改进的需要 行业结构和市场结构的变化 人口结构的变化 观念的改变 新知识的产生

3. 应用研究

4. 基础研究

5. 产品 工艺 生产手段

6. 渐进式创新 破坏性创新

7. 创新思维

二、判断题

1. 创新是在维持基础上的发展，维持则是创新的逻辑延续。（ ）

2. 防御型创新是指由于外部环境的变化对系统的存在和运行造成某种程度的威胁，

为了避免威胁或由此造成的系统损失扩大，系统在内部展开的局部或全局性调整。（　　）

3. 创新是一个杂乱无章的过程。（　　）

4. 应用创新不仅具有较大的风险，而且要求企业能够提供长期的、强有力的资金以及人力上的支持。（　　）

5. 维持管理致力于维持秩序，而创新管理则是力图突破现状，率领企业抛弃一切不适宜的传统做法。（　　）

6. 创新思维是以怀疑乃至否定为前提，没有怀疑就不会有对传统思维模式和传统指导思想或理论体系的反思与批判。（　　）

7. 科学技术革命是现代管理学发展的原动力。（　　）

8. 在互联网时代，科层组织结构应当被网状结构取代。（　　）

判断题参考答案

1. √　2. √　3. √　4. ×　5. √

6. √　7. √　8. ×

三、选择题

1. 从规模和对系统的影响程度来考察，创新可分为（　　）。

　A. 局部创新　　　　B. 整体创新　　　　C. 激进式创新　　　D. 重大创新

2. 就系统的外部来说，有可能成为创新契机的变化主要有（　　）。

　A. 技术的变化　　　　　　　　　B. 文化与价值观念的转变

　C. 宏观经济环境的变化　　　　　D. 人口的变化

3. 从创新的组织化程度上看，管理创新可分为（　　）。

　A. 自发创新　　　　B. 结构创新　　　　C. 要素创新　　　D. 有组织的创新

4. 从不同职能领域看，管理创新包括（　　）。

　A. 战略创新　　　　B. 战术创新　　　　C. 领导创新　　　D. 组织创新

5. 组织创新主要包括（　　）。

　A. 制度创新　　　　B. 文化创新　　　　C. 技术创新　　　D. 结构创新

6. 组织变革的基本路径包括（　　）。

　A. 演化　　　　　　B. 革命　　　　　　C. 改造　　　　　D. 适应

7. 互联网时代是以客户为导向的（　　）。

　A. 定制化生产　　　B. 柔性生产　　　　C. 大批量生产　　　D. 标准化生产

选择题参考答案

1. AB　2. ABCD　3. AD　4. ACD

5. ABD　6. ABCD　7. A

四、名词解释

1. 创新　　　　　　　2. 管理创新

3. 攻击型创新　　　　4. 渐进式创新

5. 破坏性创新　　　　6. 创新型组织

7.智能制造　　　　　　8.智能管理

名词解释参考答案

1.创新是指产生新的思想和行为的活动。任何改变现存物质财富、创造潜力的方式都可以称为创新。

2.管理创新是建立一种新的生产组合过程，即把一种从未有过的关于生产要素和生产条件的新组合引入生产体系。管理创新活动是相对于维持活动的另一类管理活动，它是在探究人类创新活动规律的基础上，改变管理活动的过程，是一种产生新的管理思想和新的管理行为的过程。

3.攻击型创新是在观察外部世界运动的过程中，管理者敏锐地预测到未来环境可能提供的某种有利机会，从而主动地调整系统的战略和技术，以积极地开发和利用这种机会，谋求系统的发展。

4.渐进式创新是对现有的管理理念和管理方法进行局部改进，从而产生一种新的管理活动。

5.破坏性创新则是对于现有管理理论、手段和方法的根本性突破。

6.创新型组织是指那些具有较强创新氛围和创新能力，并且将创新精神组织化和制度化，形成了一整套稳定创新惯例的组织。

7.智能制造是基于新一代信息技术，贯穿设计、生产、管理、服务等制造活动的各个环节，对具有信息深度自感知、智慧优化自决策、精准控制自执行等功能的先进制造过程、系统与模式的总称。

8.智能管理是在现代化管理的基础上，应用新一代信息技术，人与智能机器人、智能机器合同协作，共同实现管理职能的管理系统。

五、论述题

1.论述创新的过程。

2.论述管理者如何促进下属创新。

3.论述组织创新的障碍有哪些。

论述题参考答案

1.成功的创新要经历寻找机会、提出构想、迅速行动、坚持四个阶段。

第一，寻找机会。创新是打破原有秩序。原有秩序之所以要打破，是因为其内部存在或出现了某种不协调的现象。这些不协调对系统的发展提供了有利的机会或造成了某种不利的威胁。创新活动正是从发现和利用旧秩序内部的这些不协调开始的。不协调为创新提供了契机。

第二，提出构想。敏锐地观察到不协调现象的产生以后，还要透过现象分析其原因，并据此分析和预测不协调的未来变化趋势，估计它们可能给组织带来的积极或消极后果；在此基础上，努力利用机会或将威胁转化为机会，采用头脑风暴法、德尔菲法、畅谈会法等提出多种解决问题、消除不协调、使系统在更高层次实现平衡的创新构想。

第三，迅速行动。创新成功的秘密主要在于迅速行动。提出的构想可能还不完善，甚至可能很不完善，但这种并非十全十美的构想必须立即付诸行动才有意义。"没有行动的思想会自生自灭"，这句话对于创新思想的成功实践尤为重要，一味地追求完美，以减少受讥讽、被攻击的机会，就可能错失良机，把创新的机会白白地送给自己的竞争对手。创新的构想只有在不断的尝试中才能逐渐完善，企业只有迅速地行动才能有效地利用"不协调"提供的机会。从某种意义上说，面对瞬息万变的市场，创新行动的速度可能比创新方案的完善更为重要。

第四，坚持。构想经过尝试才能成熟，而尝试是有风险的，是不可能"一打就中"的，是可能失败的。创新的过程是不断尝试、不断失败、不断提高的过程。因此，创新者在开始行动以后，为取得最终的成功，必须坚定不移地继续下去，不能半途而废，否则，便会前功尽弃。要在创新中坚持下去，创新者必须有足够的自信心，有较强的忍耐力，能正确对待尝试过程中出现的失败。

2.管理者要根据创新的规律和特点，组织下属创新，为下属的创新提供条件、创造环境，有效地组织系统内部的创新。

第一，正确理解和扮演"管理者"的角色。管理者往往是保守的。他们往往自觉或不自觉地扮演现有规章制度的守护者的角色。显然这对创新是不利的。管理者必须自觉地带头创新，并努力为组织成员创造一个有利于创新的环境，积极鼓励、支持、引导组织成员进行创新。

第二，制订有弹性的计划。创新意味着打破旧的规则，意味着对时间和资源的计划外占用，因此，创新要求组织的计划必须具有弹性。如果把每个人的每个工作日都安排得非常紧凑，对每个人在每时每刻都实行"满负荷工作制"，创新的灵感便不可能出现，创新的构想也无从产生。

第三，建立合理的奖励制度。要激发每个人的创新热情，还必须建立合理的奖励制度。创新的原始动机也许是个人的成就感、自我实现的需要，但是如果创新的努力不能得到组织或社会的承认，不能得到公正的评价和合理的奖励，则继续创新的动力会渐渐失去。注意物质奖励与精神奖励的结合。奖励的对象不仅包括成功以后的创新者，而且应当包括那些成功以前甚至是没有获得成功的努力者。奖励制度要既能促进内部的竞争，又能保证成员间的合作。

第四，正确对待失败。创新的过程是一个充满失败的过程。管理者应该认识到这一点。只有认识到失败是正常的，甚至是必需的，管理者才可能允许失败，支持失败，甚至鼓励失败。

第五，营造促进创新的组织氛围。促进创新的最好方法是大张旗鼓地宣传创新、激发创新，使每一个人都奋发向上、努力进取、大胆尝试。要营造一种人人谈创新、时时想创新、无处不创新的组织氛围，使那些无创新欲望或有创新欲望却无创新行动从而无所作为者感到在组织中无立身之处，使每个人都认识到组织聘用自己的目的是希望自己去探索新的方法、找出新的程序，只有不断地去探索、去尝试，才有继续留在组织中的资格。

3.组织创新的障碍主要包括以下几个方面：

第一，缺乏了解。让成员了解变革与创新的方案能使每个人受益，人们可能因为缺乏了解而误解创新，进而反对它。

第二，评价差异。组织成员间信息的差异会导致人们对变革与创新活动有着不同的评价和看法，信息不对称使得组织成员并不像管理者那样看待企业制定的新的战略目标。

第三，认知惰性。人们习惯原来的工作方式，并不希望打破现状，这使得组织成员不自觉地对创新产生抵制情绪。

第四，核心能力刚性。核心能力刚性越强，组织创新的路径依赖特征越明显，越会阻碍组织创新。

第五，企业家行为选择的路径依赖性。企业行为选择是企业家行为选择的直接结果，企业家正是根据他们对环境特征及其变化的认识，根据他们对企业拥有的经营资源的质和量的认识来制订和比较不同的决策方案。

第六，组织文化。组织文化影响组织成员的思维方式，并通过对成员思维方式的影响，限制着组织成员以及组织的行为选择，从而制约着组织创新。

第七，个人利益。变革与创新意味着原有的组织结构被打破，工作流程将被重新设计，利益将被重新分配。人们害怕失去原有的利益，担心丢掉工作、降低薪酬或者丧失现在的权力和地位。

第八，团队心理压力。有些团队不能承受创新的压力。如果一个团队凝聚力强，来自同事的压力就能让其成员反对哪怕是合理的变革与创新。

六、案例

从"小创新大节能"走出来的中圣集团

江苏中圣集团的前身是 1997 年成立的南京圣诺化工设备有限公司。成立之初该公司就发现了管道传输中的能量损失问题：工业上大量采用管道传输，在输送过程中会消耗大量的能量，消耗的能量需要定点补充。传输管道一般都架在空中，每 6 米有一个支撑点（也就是散热点），大量的能量在这些地方损失掉。公司针对这个问题进行攻关，解决办法是：给支撑管架加一个垫子，这个垫子既要具备钢铁般的强度又要绝热。这么一个小措施形成了公司的第一个产品——节能型管架。这个产品能降低管道能耗 80%，为公司赢得了机会和市场。

南京是一座化工城市，金陵石化、南京化工等这些企业生产的管道加起来有一万多公里，一年损耗能量 60 多万千瓦，相当于一个下关电厂一年的发电量。中圣集团在不经意间解决的问题，给节能减排带来了很大的空间。中圣集团现在有一个管架事业部，专门做节能产品，每年创造的产值达亿元以上。

在 2002 年 11 月初中央电视台的《对话》节目中，时任铁道部副部长孙永福院士和几位科学家在讲青藏铁路建设所碰到的冻土问题。青藏高原是高海拔地区，也是水资源极其丰富的地区，而水和冰的体积相差 10%，因此冬天会凸出来，夏天会凹下去，给铁路建设造成极大的困难。当时有几种方案：架桥、放石头、遮阳篷和隔热板，但对环境都有很大的破坏且不可恢复。另外，青藏高原的土地表层有两到三米的泥炭层，泥炭层就像保温层一样，具有自然呼吸的功能，能与外界交换能量，把水保存住。青藏高原的年蒸发量是 2 000 多毫米，而年降水量仅 300 毫米。如果修铁路把这层泥炭扒掉，这个地方很快就会变成沙漠。所以，解决冻土问题难度非常大。

中圣集团做节能产品，想到热棒热管原理，把外面的能量传到地下去，依赖大自然和热棒技术，把铁路路基变成常年永久冻土层以解决冬凸夏凹问题。中圣集团董事长郭宏新看了节目后，非常兴奋，当晚就给孙永福副部长写了一封信，信中提出了方案。1周内铁道部回了信，叫郭宏新到北京参加会议，给10分钟讲解解决方案。去北京讲的时候，郭宏新一下子讲了2个多小时。会后，孙副部长叫他们尽快做些热棒，到施工现场做实验。经过1年多的实验，发现使用了热棒的地方没有出现问题，没用的地方出现了问题，有的桥梁下沉0.5米，甚至1.5米。之后，青藏公路、东北石油输油管线、新藏高速公路、玉树公路都使用了热棒技术。韩国、俄罗斯也有冻土问题。但是将热棒技术用在铁路路基上，这是全球首创。

资料来源：周三多，陈传明，刘子馨，等.管理学：原理与方法.上海：复旦大学出版社，2018.

思考题

1. 中圣集团的创新是一种怎样的创新？
2. 中圣集团创新的来源是什么？
3. 你从中圣集团的创新中学到了什么？

案例思考题参考答案

1. 这种创新从类型上来讲属于技术创新中的要素组合创新。中圣集团发现工业上采用的传输管道在传输过程中，消耗了大量的能量，消耗的能量需要定点补充。为了解决这一问题，中圣集团想出的办法是给这个支撑管架加一个垫子，这个小措施促成了他们的第一个产品——节能型管架。这个产品为公司赢得了机会和市场，它降低管道能耗80%。这种创新就属于技术创新的要素组合创新。

2. 中圣集团的创新来源：

第一，关注市场要求。即根据市场需求生产一种新产品。中圣集团针对能量消耗问题，生产出自己的第一个产品——节能型管架。这个产品为公司赢得了机会和市场。

第二，聚焦新技术。即利用技术创新，开辟出一个新的市场。公司做节能产品，利用热棒技术，解决冻土层冬凸夏凹问题。之后，青藏公路、东北石油输油管线、新藏高速公路、玉树高速公路，都用了热棒技术，后来热棒技术还用到青藏高原输变电铁塔上，为公司开辟了一个新的市场。

3. 从中圣集团的创新中，可得到如下启示：

第一，善于寻找创新机会。创新是从发现和利用旧秩序内部的不协调开始的，企业应该对内外部环境进行全面透彻的分析，根据环境和市场需求的变化，寻找可能的创新机会。中圣集团发现了市场面临的管道严重的能量消耗问题，后来又敏锐地察觉到可以运用热棒热管原理解决冻土问题。

第二，敢于提出创新构想。企业可以进行基础研究，为具有新功能的新产品开发提供理论基础，也可开展应用性研究，利用现有知识，对目前的生产工艺、作业方法、产品结构进行创新。中圣集团针对能量消耗问题，开发出了新的产品——节能型管架，用热棒技术把铁路路基变成常年永久冻土层以解决冬凸夏凹问题。

第三，迅速采取创新行动。"先发制人"是指先人一步行动，率先开发出某种产品或某种新的生产工艺，在技术上领先同行业内的其他企业，以获得市场竞争中至少是在某段时期内的垄断地位。中圣集团开发出节能型管架，又利用热棒技术解决冻土问题，开辟了新的市场，采取"先发制人"的竞争战略，解决了某些领域中的难题，不仅获得了巨大的经济效益，而且还得到了社会的认可，树立了良好的企业形象。

第四，灵活选用创新方式。企业可以与合作伙伴集中更多的资源进行更为基础性的创新研究，并共同承担由此而引发的各种风险。中圣集团采取了联合开发模式，利用现有的技术知识与铁道部合作，到施工现场做实验，解决了冻土冬凸夏凹问题。同时，也为自己开辟了一个巨大的市场。

图书在版编目（CIP）数据

管理学知识点精解与习题案例集 / 徐世勇，朱金强
主编 . -- 北京：中国人民大学出版社，2024.7.
ISBN 978-7-300-32917-8

Ⅰ . C93
中国国家版本馆 CIP 数据核字第 2024N2D884 号

管理学知识点精解与习题案例集

主编　徐世勇　朱金强

Guanlixue Zhishidian Jingjie yu Xiti Anli Ji

出版发行	中国人民大学出版社				
社　　址	北京中关村大街 31 号		**邮政编码**	100080	
电　　话	010 - 62511242（总编室）		010 - 62511770（质管部）		
	010 - 82501766（邮购部）		010 - 62514148（门市部）		
	010 - 62515195（发行公司）		010 - 62515275（盗版举报）		
网　　址	http:// www.crup.com.cn				
经　　销	新华书店				
印　　刷	唐山玺诚印务有限公司				
开　　本	787 mm × 1092 mm　1/16		**版　　次**	2024 年 7 月第 1 版	
印　　张	12		**印　　次**	2024 年 7 月第 1 次印刷	
字　　数	252 000		**定　　价**	49.00 元	

中国人民大学出版社　管理分社

教师教学服务说明

　　中国人民大学出版社管理分社以出版工商管理和公共管理类精品图书为宗旨。为更好地服务一线教师，我们着力建设了一批数字化、立体化的网络教学资源。教师可以通过以下方式获得免费下载教学资源的权限：

★　在中国人民大学出版社网站 www.crup.com.cn 进行注册，注册后进入"会员中心"，在左侧点击"我的教师认证"，填写相关信息，提交后等待审核。我们将在一个工作日内为您开通相关资源的下载权限。

★　如您急需教学资源或需要其他帮助，请加入教师 QQ 群或在工作时间与我们联络。

中国人民大学出版社　管理分社

♣　**教师 QQ 群**：648333426(工商管理)　114970332(财会)　648117133(公共管理)
　　教师群仅限教师加入，入群请备注 (学校＋姓名)

☎　**联系电话**：010-62515735，62515987，62515782，82501048，62514760

✉　**电子邮箱**：glcbfs@crup.com.cn

📍　**通讯地址**：北京市海淀区中关村大街甲 59 号文化大厦 1501 室（100872）

管理书社

人大社财会

公共管理与政治学悦读坊